O CAVALO DE TROIA DIGITAL

A quarta revolução industrial

LUIZ ROBERTO NASCIMENTO SILVA

O CAVALO DE TROIA DIGITAL

A quarta revolução industrial

FGV EDITORA

Direitos desta edição reservados à
FGV EDITORA
Rua Jornalista Orlando Dantas, 9
22231-010 | Rio de Janeiro, RJ | Brasil
Tel.: 21-3799-4427
editora@fgv.br | pedidoseditora@fgv.br
www.fgv.br/editora

Impresso no Brasil / *Printed in Brazil*

1ª edição: 2021

PREPARAÇÃO DE ORIGINAIS: Sandra Frank
REVISÃO TIPOGRÁFICA: Michele Mitie Sudoh
PROJETO GRÁFICO E DIAGRAMAÇÃO: Abreu's System
CAPA: Estúdio 513

Dados Internacionais de Catalogação na Publicação (CIP)
Ficha catalográfica elaborada pela Biblioteca Mario Henrique Simonsen/FGV

Silva, Luiz Roberto Nascimento, 1962-
O cavalo de troia digital : a quarta revolução industrial / Luiz Roberto Nascimento Silva. – Rio de Janeiro : FGV Editora, 2021.
164 p.

ISBN: 978-65-5652-092-6

1. Revolução industrial. 2. Tecnologia – Aspectos sociais. 3. Internet – Aspectos sociais. 4. Direito civil. I. Fundação Getulio Vargas. III. Título.

CDD – 330.904

Elaborada por Rafaela Ramos de Moraes – CRB-7/6625

"Tenha medo dos gregos, mesmo quando oferecem presentes."
Virgílio, Eneida, II, 49.

"Por que tanta pressa e tanto medo? O futuro sempre nos chega a uma velocidade de 60 minutos por hora."
Albert Einstein

"O futuro me interessa, pois estou condenado a passar lá o resto dos meus dias."
Paul Valéry

Sumário

Prefácio 9
Introdução 13

Economia

Revoluções industriais e a geração de emprego 21
As ideias vivas de economistas mortos 37
O QR code da pobreza 47

Cultura e comportamento

O deslocamento da riqueza 61
O pingue-pongue da atenção 68
O usuário como mercadoria 75

A proteção ao cidadão

A força política das *fake news* 83
As leis de proteção ao cidadão 92
O *iceberg* da *deep web* 100

Direito

West and East 109
O monopólio dos gigantes 120
The times they are a-changin' 139

Conclusão 145
Agradecimentos 151
Notas 153
Autor 161

Prefácio

As questões tratadas neste livro têm me interessado há um bom tempo. Em 2013 publiquei *A nova peste*, cujo ensaio com esse tema que abordava a questão da internet terminou dando título ao livro. Voltei ao assunto em diversas ocasiões em artigos publicados na imprensa. A pandemia obrigou todos nós a fazermos um confinamento forçado há mais de um ano. Além disso, ela também fez com que o processo de digitalização se acelerasse de tal maneira que a migração do comércio para on-line, que poderia se dar em cinco anos, se realizasse num único ano: esse de 2020. Aceleração da comunicação via internet, o desenvolvimento de aplicativos para comunicação a distância, a adesão de vários aspectos da vida empresarial a esse novo formato, o *home office* compulsório e obrigatório das grandes corporações, os mecanismos de assinatura digital de documentos, toda essa adaptação de vários aspectos da vida quotidiana à essa realidade tornou impossível não me debruçar sobre isso com mais profundidade. Esse compulsório ano sabático permitiu-me retornar a essa reflexão, que resultou neste trabalho.

John Kenneth Galbraith, com seu cáustico senso de humor, na abertura de seu livro sobre a moeda diz o seguinte: "Muitas das coisas na vida – automóveis, amantes, câncer – são importantes somente para as pessoas que as possuem. O dinheiro, ao contrário, é igualmente importante para os que têm e os que não têm." Penso que isso se aplica integralmente ao nosso mundo nessa Quarta Revolução Industrial. A internet é importante para quem a tem e para quem não a tem. O mundo não voltará a ser mais o mesmo. A revolução é irreversível. Não haverá mais civilização fora desse mundo digital. A integração a ele será decisiva no destino individual das pessoas como dos países enquanto nações.

A introdução do livro sugere como todos nós fomos seduzidos pela internet gratuita que nos foi oferecida como os troianos foram seduzidos pelo presente dos gregos deixado na porta de suas muralhas. Passamos para o conjunto de capítulos dedicados à "Economia". No primeiro deles, há uma análise de todas as revoluções industriais anteriores e de como chegamos a essa quarta, que também é subtítulo do livro. Resumimos as ideias centrais de Keynes e Schumpeter, os mais importantes economistas do século XX, que continuam presentes e vivos em nosso século XXI. O último deles é uma análise dos programas de transferência de renda e sua aplicação presente e futura em nosso país com algumas sugestões.

Passamos depois aos capítulos reunidos sob o subtítulo de "Cultura e comportamento". Nele são analisados o deslocamento da riqueza e seu impacto na vida atual, os efeitos do pingue-pongue da atenção numa estratégia mercadológica que escraviza as pessoas. Explicamos o conceito de usuário como mercadoria, que a maioria dos usuários das redes desconhece.

O próximo conjunto reúne a análise dos mecanismos existentes no Brasil e no mundo para proteção ao cidadão, seja em relação aos seus dados pessoais, seja em relação às *fake news* e suas influências nefastas no mundo atualmente. Conclui-se pela importância da imprensa e das mídias tradicionais como antídoto à produção de notícias falsas e gratuitas que circulam diariamente. No final, o fenômeno na *deep web*, que se transformou num filho bastardo e perverso da *deep web*, é examinado.

Por último, um conjunto de capítulos dedicados ao "Direito". Como antecedente obrigatório é feita uma análise do confronto dos Estados Unidos com a China em matéria digital e dos efeitos dessa nova guerra fria. Ambos os países possuem o controle efetivo da internet mundial quando todos demais vivem na sua periferia. É feita uma análise minuciosa do monopólio das *big techs*, que, na nossa visão, reproduzem uma situação histórica única, apenas presente no início do século XX nos Estados Unidos, quando alguns poucos empresários comandaram a economia norte-americana. Admitindo-se que qualquer modificação do atual estado de coisas só poderá ser feita nos Estados Unidos e não na China, onde esse debate não existe, nos dedicamos ao que vem acontecendo naquele país.

Foi feita uma reconstrução de todo o esforço da Justiça norte-americana, por meio de sua Suprema Corte, para corrigir os excessos desses empresários gigantes do século XIX, que acreditamos se repetirá agora. Mostramos como a Comunidade Europeia também está atacando o problema não pela via judicial, mas por uma construção legislativa. Por fim, reconhecemos os avanços recentes em todo o mundo num movimento que indica que os tempos estão mudando. Quando começamos a redigir este trabalho, nos primeiros meses de 2020, algumas de nossas ideias e convicções não tinham ainda qualquer ressonância no quotidiano dos países. Aos poucos, vimos emergir a consciência das nações de que algo precisa ser feito. O importante é insistir que isso é necessário não para retirar do capitalismo seu dinamismo e criatividade, mas antes para preservá-lo e fortalecê-lo, afastando-o do monopólio, levando-o novamente para as amplas planícies da competição. Nos Estados Unidos, quando a legislação antitruste foi aplicada no início do século XX, nenhum dos setores afetados, como o do aço, querosene, petróleo, transporte e financeiro, ficou prejudicado pela intervenção estatal; ao contrário, todos logo demonstraram dinamismo só que não mais controlados por poucas empresas e pessoas, mas por maior número de empresas e indivíduos.

Do ponto de vista individual, ficou evidente que alguma proteção maior deve ser oferecida ao cidadão comum para que sua privacidade seja preservada. É preciso reconstruir algumas das fronteiras que foram invadidas. O direito a nossa privacidade no seu amplo sentido, a inviolabilidade de nossas correspondências e e-mails, preservação de nossos dados pessoais e hábitos, a não publicização de nossos obscuros objetos de desejo, tudo enfim que foi destruído sem piedade pelos algoritmos. Muita gente lutou para preservar isso; trata-se de uma batalha de séculos que fez com que essas conquistas se inscrevessem na categoria de direitos civis. Não podemos abrir mão disso por um interesse meramente comercial. Temos de aproveitar os enormes benefícios que a rede nos assegurou; ninguém deseja abrir mão de seus avanços, que são reconhecidos. Pretende-se apenas corrigir seus defeitos e impedir suas ilegalidades.

Um novo mundo está sendo construído sob os escombros do antigo. Temos uma oportunidade ímpar de ampliar nossas potencialidades de país rico, continental, com uma enorme população, com setores modernos ao lado de outros arcaicos para sairmos desse limbo eterno de país do futuro. O exemplo dos países asiáticos que até pouco tempo eram relativamente pobres, mas que mudaram seus destinos após investirem maciçamente em educação e tecnologia deve nos guiar. Estamos atrasados em vários aspectos, mas podemos nos inspirar na frase do juiz Oliver Wendell Holmes quando disse que "o importante não é tanto onde estamos, mas para onde estamos indo".

Rio de Janeiro, março de 2021.

Introdução

Estamos como estiveram os troianos ao receber o cavalo de Troia dos gregos. Aceitaram felicíssimos aquele presente maravilhoso que chegou de forma gratuita e graciosa. O enorme cavalo de madeira foi entendido pelos troianos como um signo de vitória e assim foi carregado para dentro das muralhas fortificadas. À noite, os soldados inimigos saíram do cavalo, dominaram as sentinelas e abriram os portões permitindo a entrada do Exército grego, levando a cidade à derrota e à ruína.

A história da guerra foi contada primeiro na Ilíada, de Homero, ainda que sem referência específica ao episódio do cavalo, e depois na Odisseia, em que aparece brevemente numa passagem pequena. Vários escritores depois ampliaram e detalharam a guerra e a artimanha. O cavalo é geralmente entendido como uma criação literária, ainda que vários estudiosos acreditem que possa ter existido ao menos como uma máquina de guerra transfigurada ao longo do tempo pelos cronistas.

Do ponto de vista documental, os dois poemas, fundadores da literatura ocidental com seus mais de 27.000 versos, não são propriamente um relato da Guerra de Troia porque Homero teria vivido no século VIII a.C. e a guerra em questão se deu no século XIII a.C. Homero não foi testemunha dos combates na planície de Troia, nem pôde ouvir testemunhos de seus combatentes.[1]

Homero era um aedo, um portador da palavra poética que declamava esses versos em cantos que reconstituíam aos ouvintes os acontecimentos originais numa perspectiva diversa da que se tem hoje de um escritor. Ambos os poemas só vieram a ser fixados na linguagem escrita muitos anos depois, pois no período em que foram encenados e declamados a escrita não era ainda usada no mundo grego.

De qualquer forma, o episódio da Guerra de Troia e o estratagema do cavalo permaneceram como símbolos contínuos e populares na literatura, cinema e teatro. Diversas expressões idiomáticas se formaram em torno do episódio, fazendo com que "cavalo de Troia" significasse um engodo destrutivo, "presente de grego" como alguma coisa que é recebida de forma agradável, mas que acarreta péssimas consequências. Serve também para designar um potente e conhecido malware que é a expressão para software malicioso usado por *hackers* ou criminosos para obter acesso aos sistemas dos usuários, roubando seus dados confidenciais e assim desviando recursos da vítima, danificando depois seus computadores. Normalmente ele vem disfarçado de um software legítimo; por isso é tão perigoso.

Por isso, recorri a essa alegoria enraizada na nossa cultura para debater uma situação em tudo semelhante ao que vem ocorrendo com o mundo agora. Aceitamos de bom grado, felizes, a internet em nossas vidas. Ela nos chegou também gratuitamente, uma vez que o físico Tim Berners-Lee, em 1989, quando a criou, não a patenteou, permitindo que pudesse ser utilizada sem custos financeiros pelos futuros usuários. Nos primeiros anos, a internet e a revolução digital trouxeram avanços inegáveis largamente superiores aos problemas que depois geraram. Abaixamos a guarda e fomos sendo seduzidos pelas facilidades e comodidades que a digitalização e a internet nos traziam e quando acordamos estava tudo ocupado. Tornamo-nos prisioneiros de nossa própria esperteza. Estávamos escravizados como os dependentes químicos. Tínhamos perdido a guerra, perdido a linha divisória, a fronteira que preservava nossa intimidade e estávamos condenados a servir a esse novo senhor.

Nessa nova ordem mundial, a destruição de empregos formais na economia é superior à criação de novos no setor de tecnologia e computação. O crescimento das empresas tem se feito pela maior digitalização de suas cadeias produtivas, acarretando redução de funcionários. O setor musical foi devastado em sua formação anterior. Os jornais sentem diariamente os efeitos dela. O mercado de livros não sabe como irá se redesenhar. O ganho inequívoco de eficiência se fez pelo desemprego maciço de mão de obra em inúmeros setores.

O mundo virtual criou um universo fraturado, imediato, instantâneo. Como observa Jean Baudrillard:

> existe uma espécie de metabolismo diabólico do sistema que, ao fractalizar tudo, procedeu à integração de toda dimensão crítica, irônica, contraditória. Tudo está on-line; ora nada pode ser contraposto a um acontecimento on-line.[2]

Hoje está tudo dominado. Todo o sistema bancário depende integralmente da informática. O Poder Judiciário funciona crescentemente por meio da rede. A Secretaria da Receita Federal trabalha apenas pela internet e não existem mais declarações de tributos federais que não sejam informatizadas. O sistema de reservas de passagens e de hotelaria é feito pela rede. Todas as operações das bolsas de valores são feitas em tempo real, eletronicamente. O percentual do comércio interno e internacional que é feito pela internet aumenta continuamente.

Não é só isso. Nenhum ramo do conhecimento ficou indiferente a essa revolução. O que se avançou na área médica é incomensurável, tanto na parte preventiva, como na própria pesquisa e no avanço na execução de cirurgias. Na arquitetura, urbanismo e paisagismo o uso do computador é uma constante. No direito, na economia, enfim em todos os campos do conhecimento a informação é mais rápida, universal e gratuita.

Além dos impactos que já abordamos, a internet acabou por intervir na forma de fazer política. A eleição da Barack Obama só se tornou possível pela estruturação de sua campanha nas redes sociais, o que assegurou a ele votos e recursos financeiros, primeiro para vencer a senadora Hillary Clinton na indicação do partido democrata e depois a própria eleição presidencial.

Movimentos sociais de massa como a "Primavera Árabe" inundando a praça Thair e todos outros que ocorreram na Espanha, Portugal,

Suécia, Grã-Bretanha e no Brasil só foram possíveis pela velocidade e surpresa que a internet proporciona por meio das redes sociais. Entretanto pouco depois a internet passou a ser amplamente utilizada na eleição de uma série de políticos autoritários com o exercício de um discurso de antagonismo permanente capaz de ganhar uma eleição, mas incapaz de unir um país. Após a eleição, frequentemente eles continuam a conduzir seus países como se estivessem em campanha e houvesse sempre um inimigo a ser combatido.

A internet alterou completamente a política. As estruturas anteriores dos partidos políticos terão de ser repensadas. Toda a democracia direta, construída em plenários de sindicatos e de partidos, conselhos deliberativos, associações de moradores, está perdendo força e expressão. Passamos de um estágio de sociedade civil organizada para outro de sociedade civil mobilizada. Como as redes sociais são horizontais, elas retiraram parte da hierarquia que presidiu o processo político durante muitos longos anos.

As novas tecnologias de comunicação estão afetando e transformando o processo cognitivo do cérebro humano. O conhecimento estruturou-se pela linearidade e vem sendo substituído pela reticularidade, que é a disposição em rede das matérias. Os jornais na internet são lidos em colunas e não mais de maneira linear como ocorria na sua plataforma papel. O leitor não se fixa mais na ordem cronológica das colunas e da própria organização que o veículo estruturou para o grande público. Ele salta, alterna, modifica o processo de leitura da mesma forma que o controle remoto permitiu o zapeamento dos canais de televisão. Nada obedece a ordem antes estabelecida. À medida que o próprio cérebro humano vem sendo alterado e modificado, habilidades e horizontes vão sendo demarcados de forma inteiramente distinta. Um novo mapeamento está sendo descoberto e nele algumas fronteiras estão sendo descobertas e antigas fronteiras estão sendo esquecidas. Estamos formando – mesmo sem o saber – uma nova cartografia.

A revolução digital é irreversível. Não haverá vida nem civilização sem ela. Ao contrário das revoluções econômicas anteriores, essa está claramente reduzindo vagas de trabalho, por meio de um abrupto e não uniforme aumento da produtividade de alguns, gerando mais desemprego mesmo que, em alguns setores, com aumento de produção. O combate e a resistência deverão ser feitos dentro desse ambiente digital, pois nações que não se conectarem rapidamente aumentarão o fosso de distanciamento em relação às nações com conectividade plena. A discussão terá que ser on-line.

Sabemos todos que uma revolução dessa proporção não terá retorno. Não temos caminho de volta. Isso, no entanto, não nos impede de formular ideias e dividir informações sobre o que vem ocorrendo. Um dos objetivos deste ensaio é permitir que, com maior reflexão e informação sobre o que vem ocorrendo, cada cidadão individualmente possa reconstruir parte de sua geografia pessoal, que foi invadida com sua autorização à semelhança dos troianos quando autorizaram a entrada daquele cavalo em sua cidade.

Economia

Revoluções industriais e a geração de emprego

Há certo consenso de que teriam ocorrido três revoluções industriais e que estaríamos exatamente iniciando a quarta. Como analisaremos, todas elas geraram enormes mudanças na estrutura do emprego em setores que eram tradicionais, mas depois acabaram gerando mais empregos e aumento na renda após a traumática fase de implantação de cada uma delas. Neste momento, o que presenciamos é uma nova, classificada como a Quarta Revolução Industrial. Vivemos nela e sob seu império e desígnios esse trabalho vem sendo escrito. Assim, antes de falarmos sobre ela, convém entendermos como chegamos até aqui como etapa obrigatória para tentarmos compreender para onde estamos indo.

A Primeira Revolução Industrial caracterizou-se pela desmontagem gradual do mundo feudal e por uma transição para novos processos de manufatura entre 1760 e os anos de 1820 a 1840. Essa transformação incluiu a substituição de métodos produtivos até então artesanais pela produção em máquinas, com fabricação de novos produtos químicos, processos novos de produção, utilização do ferro, maior eficiência no uso da água, uso crescente de energia a vapor e o desenvolvimento das máquinas-ferramentas com substituição da madeira e outros biocombustíveis pelo carvão. Essa revolução teve início na Inglaterra, mas em poucas décadas espalhou-se pela Europa ocidental e pelos Estados Unidos.

Antes da Revolução Industrial, a atividade produtiva era artesanal, manufaturada, ou seja, realizada manualmente ou com ajuda de máquinas bem simples. Muitas vezes, um só artesão cuidava de tudo desde a aquisição da matéria-prima, sua transformação e posterior comercialização. Também podia ser resultado de trabalho coletivo no sentido de ser realizado por diversos artesões que dividiam entre si as tarefas. Tudo era realizado em oficinas dentro de casas, sendo comum que um mesmo profissional dominasse vários ofícios e etapas nesse processo produtivo de bens e serviços.

Aos poucos, a medida que a Revolução Industrial avançava e se consolidava, os profissionais passaram a trabalhar para um patrão que possuía esse novo maquinário, perdendo o controle sobre os meios de produção. No final perderam o domínio de todo processo desde a aquisição da matéria-prima ao produto final, bem como sua posterior comercialização. Isso se deu por diversas razões que iremos descrever.

Primeiro, porque à margem dos feudos foram florescendo na Europa feiras onde se comercializavam produtos de todas as procedências. O mercado é sempre um local de encontro que possibilita a permuta ou a compra de mercadorias. Por exemplo, trocavam-se lãs inglesas por vinhos portugueses. Se refletirmos bem, os mercados locais funcionam não apenas na economia local, mas antes de tudo para fora dela. São locais de encontro para o comércio de longa distância. As cidades surgiram em torno desses mercados, como criação deles. Tiveram dupla função: proteger esses mercados e, ao mesmo tempo, impedir que esses novos comerciantes pudessem se incrustar na antiga organização econômica da sociedade feudal. Eles pertenciam à nascente burguesia que se distinguia do sistema rígido e estruturado em torno do feudo, e assim deveriam prosseguir.

A grande mudança social viria pelo cercamento ou o "movimento das cercas", que, na Idade Média, acabou com o cultivo comunal de campo aberto e pasto comum, desmontando a cultura de subsistência e a tradição de práticas não comerciais em relação à terra. O cercamento dos campos abertos (*enclosures*) tiveram por objetivo a conversão da terra arável em pastagem para as ovelhas, e carneiros eram essenciais e necessários para a indústria lanígera. Os cercamentos foram, de certa forma, uma revolução dos ricos contra os pobres. Eles retiraram dos pobres as parcelas que detinham das áreas comuns, demolindo casas que, por força de costumes, os pobres consideravam como suas. Esse processo foi longo e durou dos séculos XVI ao XVIII, e acabou sendo uma solução radical do problema agrário que transformou a Grã-Bretanha num país de poucos grandes proprietários com um número moderado de arrendatários comerciais e um imenso número de trabalhadores contratados, o que foi conseguido apesar da resistência dos camponeses e da pequena nobreza tradicionalista do interior do país.[3]

As cidades floresceram. A dificuldade da vida no campo e os boatos de que as cidades pagavam maiores salários aumentaram a aversão dos camponeses pobres por seu trabalho tão mal remunerado. As regiões industriais surgiam com um Eldorado, um novo país, um sonho como a América viria produzir séculos depois. O tecido social havia sido destruído. A Inglaterra suportou em parte o problema dos cercamentos porque a Coroa, primeiro com os Tudors e depois com os Stuarts, conseguiu reduzir a intensidade do despovoamento do campo atrasando um pouco o ritmo do processo, que acelerou especialmente nas últimas décadas do século XVIII entre 1760 e 1790. Não restou ao antigo camponês uma alternativa senão migrar para as cidades ainda que frequentemente isso tenha ocorrido por decisão própria como reação a um ambiente feudal degradado com senhores empobrecidos e sem poder. Nas cidades, foram obrigados a vender sua força de trabalho por salários que serviriam apenas para manter a subsistência. Eles também foram compelidos a trabalhar nas novas máquinas dos donos da produção numa fase que se convencionou chamar de maquinofatura, cabendo aos patrões o domínio de todo o processo produtivo e também os lucros dele decorrentes.

Esse processo inicia-se na baixa Idade Média e se alastra de forma distinta nos países da Europa. As transformações econômicas e sociais não se dão de maneira uniforme, iniciando-se nos países onde a Reforma Protestante havia se realizado e diminuído a influência da Igreja Católica notadamente na Inglaterra, Escócia, Países Baixos e Suécia. Nos países onde o catolicismo continuou a ser a religião dominante, elas demoraram mais tempo. Assim, enquanto em Londres e Amsterdã já se vivia numa nova ordem mundial, em Lisboa e Madrid a vida continuava medieval.

Um dos primeiros a analisar e diagnosticar esse processo foi Max Weber no seu insuperável *A ética protestante e o espírito do capitalismo*, lançado em 1904-1905, ressaltando

> o caráter predominantemente protestante dos proprietários do capital e de empresários, assim como das camadas superiores da mão de obra qualificada, notadamente do pessoal de mais alta qualificação técnica ou comercial das empresas modernas.

Em outro estudo, torna os conceitos mais precisos:

> O Ocidente conhece também na época moderna uma forma totalmente diferente de capitalismo que não havia ainda se desenvolvido no mundo: a organização capitalista racional do trabalho (formalmente) livre.

E mais detalhadamente:

> A organização racional moderna da empresa capitalista não seria possível na ausência de dois fatores que tiveram um papel importante nessa evolução: a separação da gestão doméstica da empresa hoje predominante na vida econômica geral e a contabilidade racional. A separação espacial dos lugares de trabalho e venda dos lugares de residência também foi importante ainda que se encontrem em outras culturas.[4]

E finaliza ressaltando outro aspecto que seria essencial nessa revolução que seria "a distinção jurídica entre os fundos da empresa e a fortuna pessoal".

A Revolução Industrial realizou-se conjugada a uma série de inovações e descobertas que a partir da segunda metade do século XVIII alteraram a economia em diversos setores. No setor têxtil, o descaroçador de algodão, a fiação mecanizada e o tear elétrico revolucionaram tecelagem do algodão, lã e linho, criando uma escala de produção nunca vista. A substituição do coque por carvão reduziu o custo de combustível na produção de ferro-gusa e forjado. O uso de coque permitiu a produção em altos fornos, gerando economias de escala. Várias máquinas e ferramentas foram inventadas. Essas máquinas e ferramentas possibilitaram a fabricação econômica de peças metálicas de precisão, como porcas, parafusos, cilindros e fresagem que auxiliaram a metalurgia. O motor a vapor de James Watt, alimentado com carvão, impulsionou a Revolução Industrial na Inglaterra, Escócia e no resto mundo. As primeiras máquinas a vapor construídas no século XVIII retiravam a água acumulada nas minas de ferro e carvão que, aquecida, transformava-se em vapor e com ele acionavam-se as máquinas que fabricavam os tecidos. Com essas novas máquinas, a produção aumentou muito, ganhou eficiência, e o consumo de combustível diminuiu, gerando lucros gigantescos que produziriam uma enorme acumulação de capital que seria fundamental mais adiante.

O Reino Unido, entendido na época como Inglaterra e Escócia, foi o epicentro dessa Revolução Industrial por diversas razões. No terreno do pensamento pela propagação das ideias liberais que se sedimentaram no século XVIII. Elas deram substrato intelectual para que o sistema de guildas, que funcionava como um verdadeiro cartel impedindo a competição e a entrada de novos competidores, fosse alterado, liberando a indústria e o comércio dessas estruturas arcaicas e rígidas que não atendiam às novas transformações e necessidades da sociedade.

Além disso, a Revolução Inglesa (1642-1651) havia fornecido à nova ordem econômica uma estabilidade suficiente para a expansão dessa transformação revolucionária. A Inglaterra foi muito hábil em firmar excelentes acordos comerciais com outros países. Um dos mais importantes com Portugal, conhecido como Tratado de Meutheun, quando a monarquia portuguesa, que estava em crise em 1703, permitiu que os produtos ingleses tivessem taxas preferenciais no país. Por essa razão é que podemos dizer que parte expressiva do ouro extraído do Brasil, concentradamente de Minas Gerais, passou por Portugal, mas terminou em território inglês...

A Inglaterra possuía reservas de ferro e carvão mineral, que eram as matérias-primas essenciais desse período. A burguesia havia formado um capital acumulado que lhe possibilitava financiar fábricas, adquirir matérias-primas, maquinário e contratar empregados que estavam disponíveis, pois a Lei do Cercamento de Terras terminou criando no país o maior exército de desempregados da Europa.

O século XIX assistiu ao protagonismo total da Inglaterra, sendo nela que a Revolução Industrial se realizou e onde a economia de mercado, o livre-comércio e o padrão ouro foram inventados e se institucionalizaram, alastrando-se depois para o resto do mundo. Ela alterou profundamente as condições de vida do trabalhador, provocando intenso deslocamento da população rural para as cidades, formando enormes concentrações urbanas. A população de Londres, por exemplo, passou de 800.000 habitantes em 1780 para mais de 5 milhões em 1880. No início da Revolução Industrial, os operários viviam em péssimas condições de vida e trabalho. O ambiente das fábricas era insalubre, assim como o dos cortiços onde muitos trabalhadores viviam. As jornadas de trabalho chegavam a 80 horas semanais, e os salários variavam em torno de 2,5 vezes o nível de subsistência. Para mulheres e crianças, submetidos ao mesmo número de horas e às mesmas condições de trabalho, os salários eram ainda mais baixos.

Muito mais que os economistas talvez tenham sido os escritores aqueles que melhor tenham descrito com precisão e antevisão o que ocorria. Autores como Charles Dickens e Victor Hugo denunciaram antes deles esses tempos terríveis. As condições iniciais da Revolução Industrial, além de revoltarem pensadores de diversas opiniões e partidos, foram a matéria-prima fundamental para a grande crítica ao sistema capitalista que seria empreendida por Marx e Engels de forma definitiva.

Entretanto, depois dessa fase radical houve uma melhora nas condições gerais de vida dos países industriais em relação aos demais países da Europa, com aumento das necessidades de consumo e pela produção de novas mercadorias a preços mais acessíveis a esses novos consumidores. Como a produtividade do trabalho crescia, os salários reais dos trabalhadores ingleses aumentavam também. Devido ao progresso ocorrido nos primeiros 90 anos de industrialização em 1860 a jornada de trabalho na Inglaterra já se reduziria para cerca de 50 horas semanais, sendo ainda enorme, entretanto menor do que na fase inicial. Os trabalhadores, notadamente a partir do século XIX, passaram a pressionar seus patrões, reivindicando melhores condições de trabalho, maiores salários e reduções da jornada. Com maiores salários e melhores condições, o conjunto dos trabalhadores pôde também elevar seu nível de consumo, tornando possível a produção de mais bens num círculo econômico vigoroso e agora virtuoso.

Essa foi a revolução mais importante porque desfez a ordem senhorial e a estrutura medieval que durou tantos séculos. Os países deixaram de ser fundamentalmente agrários para serem urbanos, os donos das terras perderam poder para a nascente burguesia, o regime de trocas físicas de mercadorias quando havia uma ausência de transações monetárias foi sendo substituído por um regime muito mais monetário, os antigos camponeses migraram para as cidades para viverem apenas de seus salários, a produção de bens deixou de ser doméstica e manufatureira para se realizar por máquinas, enfim um novo mundo se construiu sobre os escombros do antigo. As três outras revoluções posteriores foram desdobramentos dessa primeira e, por isso, serão analisadas de forma mais sumária.

A Segunda Revolução Industrial iniciou-se na segunda metade do século XIX entre 1850 a 1870 e terminou durante a Segunda Guerra Mundial (1939-1945), trazendo uma série de desenvolvimentos nas indústrias química, elétrica, de petróleo e aço. Entre os progressos desse período, temos os navios movidos a vapor, o desenvolvimento do avião, a produção em massa de bens de consumo, o enlatamento de comidas e sua refrigeração mecânica, além de novas técnicas de preservação dos alimentos.

Uma das invenções fundamentais para a divulgação do conhecimento e a difusão das ideias foi a prensa móvel movida a vapor, que permitiu a criação da máquina de papel no começo do século XIX. A segunda revolução industrial também assistiu à introdução da composição tipográfica pela linotipia e monotipia, como também à revogação dos impostos sobre o papel, o que possibilitou um desenvolvimento enorme do jornalismo e dos periódicos de forma geral, difundindo conhecimento e informação.

O motor a vapor desenvolvido na Grã-Bretanha durante o século XVIII foi exportado com lentidão para a Europa e o resto do mundo. Em contraste, durante a Segunda Revolução Industrial desenvolveu-se o motor a combustão interna, que substituiu o gás carvão pelo petróleo como combustível para os automóveis. Ainda que desenvolvido na França, será nos Estados Unidos, com Henry Ford, que ele será utilizado em escala industrial. Assim, se a Primeira Revolução Industrial foi movida a carvão, a segunda seria movida a petróleo. Se a Segunda Revolução criou a padronização industrial, a atual está criando a customização dos serviços.

Esse período marca também o advento da Alemanha e dos Estados Unidos como potências industriais, juntando-se à França e ao Reino Unido. Os EUA terminam por se firmar como a maior economia nesse período, e por isso mesmo nesse país se desenvolveram dois movimentos importantes para o crescimento econômico: um de conteúdo intelectual, o taylorismo, e outro de desenvolvimento e investimento industrial, que foi o fordismo.

Taylor é o fundador da administração científica, criando regras de racionalização do trabalho com a divisão de funções dos trabalhadores, insistindo que cada um deveria fazer uma única etapa no processo de montagem da indústria singularizando as funções. Defendeu a concessão de incentivos salariais e prêmios de produtividade aos empregados que se destacassem, o que até aquela data ninguém havia sugerido. Seu livro *Princípios da administração científica*, publicado em 1911, tornou-se um clássico. De outro lado, Henry Ford adotou esses conceitos em sua empresa, implantando um sistema de produção em massa que revolucionou a produção e comercialização de veículos. Uma linha de montagem em forma de esteira permitiu o aumento da produção e a redução do preço dos veículos, gerando uma explosão de vendas. Antes dele, os automóveis só eram adquiridos pela camada rica da população por serem muito caros e terem uma manutenção dispendiosa. Sua linha de produção reduziu ambos. Do ponto de vista dos empregados, ainda que tivessem ganhos salariais, seu trabalho era repetitivo, maçante e desgastante. Quem melhor descreveu isso foi Charles Chaplin com seu *Tempos modernos*, de 1936, que mostra a vida urbana nos Estados Unidos de 1930. Nele, Carlitos, seu alterego, é um trabalhador em uma linha de montagem claramente inspirada na Ford. O filme é hoje um clássico, mas não fez obviamente sucesso nos Estados Unidos, embora tenha sido reconhecido imediatamente na Europa.

A Terceira Revolução Industrial surge na década de 1970, quando a demanda por tecnologia e mão de obra especializada se acelera. Nesse período, emerge no Japão o Toyotismo, que estabelece como padrão o trabalho horizontalizado com cooperação, coparticipação e terceirização de serviços. O toyotismo é um modo de produção de acordo com a demanda em direção oposta ao fordismo, que se caracterizou pela produção antecipada e em massa. Concebido por Eiji Toyoda e Taiichi Ohno na Toyota, visava à eliminação do desperdício no processo produtivo e a acumulação de estoque na fábrica. Implanta-se o sistema *just in time* pelo qual a matéria-prima ou o produto final só chega à fábrica e aos pontos de venda no momento exato em que é necessário. Desenvolve-se o que foi definido como "autonomação", que seria a automação com influência humana pela qual a máquina é responsável pela operação, mas o monitoramento é feito por pessoas.

Essa Terceira Revolução desenvolveu-se entre 1950 e 2010, durante 60 anos no contexto da Guerra Fria após a Segunda Guerra Mundial, quando Estados Unidos e Rússia se firmam como os grandes contendores de um mundo bipolar. Em consequência dessa tensão política, realizam-se avanços científicos importantes, como a primeira viagem do homem à Lua em 1969. Foi um período de substituição gradual da mecânica analógica pela digital, do uso de microcomputadores e da criação da internet. Instala-se uma crescente digitalização de arquivos e cria-se a robótica. Exploram-se novas fontes de energia, como a nuclear, a solar, a eólica e verifica-se o desenvolvimento da biologia genética e da biotecnologia. A informática é levada para o campo, gerando modernização na agricultura. O telefone celular, inventado por Martin Cooper e aprimorado nos anos subsequentes, passaria a ser um dos componentes importantes da nova revolução.

A Quarta Revolução Industrial, definida como a indústria 4.0, tem como objetivo integrar todas as tecnologias disponíveis no mundo digital. Essa definição foi criada no Fórum Econômico Mundial em 2011 e se firmou. Ela se parece muito uma etapa evolutiva das outras três do que propriamente algo novo, mas o mercado necessita sempre criar coisas novas até para vender novos livros...

Todas as revoluções industriais anteriores destruíram empregos na fase da implantação das mudanças, mas geraram empregos novos posteriormente no novo arranjo. Entretanto não podemos dizer que a que estamos vivendo hoje nos assegure isso. É claro que, dependendo de onde se examina, as situações são diversas, como se compararmos os Estados Unidos e a Espanha. Alguns autores sustentam que estamos confundindo emprego e trabalho. O emprego seria uma atividade na qual o profissional atua por mera necessidade financeira distante de algum tipo de prazer. Já no trabalho, a capacidade produtiva estaria alinhada com a criatividade, produzindo uma legítima vontade de fazer. Essa distinção semântica, a meu ver, também não altera a dura realidade de quem está desempregado. Os robôs estão tomando empregos que eram dos humanos. Os pregadores apaixonados da nova revolução defendem que os humanos deveriam agradecer por isso, e que a tecnologia foi criada para facilitar nossa vida e economizar nosso tempo evitando a realização de funções repetitivas. Não acredito que aqueles que são substituídos pelas máquinas tenham essa mesma compreensão.

Harari, no seu *21 lições para o século 21*, em que traça um amplo painel do que estamos vivendo com um olhar crítico, mas otimista sobre o futuro, entretanto admite:

> É perigoso simplesmente supor que surgirão novos empregos para compensar quaisquer perdas. O fato de isso ter acontecido em ciclos anteriores de automação não é garantia nenhuma de que vai acontecer de novo nas condições muito diferentes do século XXI. As potenciais rupturas social e política são tão alarmantes que, mesmo que a probabilidade de desemprego sistêmico em massa seja baixa, devemos levá-la a sério.[5]

O desemprego é a mais cruel consequência de uma economia e um imenso desperdício de recursos humanos de uma sociedade que se quer desenvolvida. Sem emprego ou trabalho o homem perde sua inserção na sociedade, tem sua identidade desfigurada, seu núcleo familiar é corroído, e se a interdição ao trabalho for longa, ele pode perder suas qualificações. Por isso mesmo, tentar reduzir o desemprego e entender sua origem sempre foi uma das preocupações centrais dos economistas ao longo dos séculos e continua a ser até hoje. Esse é um dos objetivos centrais deste trabalho.

Em manifestações anteriores na imprensa, sustentei minha convicção de que os empregos criados na área digital tecnológica tinham sido inferiores aos que os que foram destruídos nas indústrias tradicionais.[6] Edmund Phelps, Nobel de economia de 2006, de forma enfática ao analisar a indústria da tecnologia e seus efeitos sobre o desemprego e sobre a perda de dinamismo de inúmeros setores da economia norte-americana em decorrência dela, sustenta que:

> O Vale do Silício, por exemplo, é responsável por algo como 3% da renda americana e por uma parcela ínfima de empregos [...]. A revolução digital não compensou, e nem sei se um dia vai compensar, a perda de energia e de criatividade em setores tradicionais da indústria e serviços. Essa perda de dinamismo é palpável para quem percorre os Estados Unidos de ponta a ponta.[7]

Uma das maiores autoridades da Quarta Revolução Industrial, Klaus Schwab, integrante central do Fórum Econômico Mundial, concorda com essa visão e detalha com números aflitivos a relação entre rentabilidade e geração de empregos existente entre as empresas da velha e da nova economia nos seguintes termos:

> Em 1990, as três maiores empresas de Detroit possuíam uma capitalização de mercado combinada de US$ 36 bilhões, faturamento de US$ 250 bilhões e 1,2 milhão de empregados. Em 2014, as três maiores empresas do Vale do Silício tinham uma capitalização de mercado consideravelmente mais elevada (US$ 1,09 trilhão) haviam gerado as aproximadamente as mesmas receitas (US$ 247 bilhões), mas com cerca de 10 vezes menos empregados (137 mil).[8]

Dois pesquisadores, Carl Benedikt Frey e Michael Osborne da Oxford Martin School, quantificaram o efeito potencial que a inovação tecnológica poderá ter sobre os EUA nos seguintes termos:

> A pesquisa concluiu que cerca de 47% do emprego total dos Estados Unidos está em risco; algo poderá ocorrer em uma ou duas décadas, sendo caracterizado por um escopo muito mais amplo de destruição de empregos e por um ritmo de alterações muito mais veloz do que aquele ocorrido no mercado de trabalho pelas revoluções anteriores.[9]

Pelos padrões históricos, as empresas de tecnologia empregam relativamente poucas pessoas quando comparadas às empresas tradicionais e conseguiram sua gigantesca capitalização num espaço de tempo muito mais rápido. Desde a abertura de capital em 2016, o Google e o Facebook chegaram a sua enorme capitalização em poucos anos, enquanto a General Motors, por exemplo, levou quatro décadas para atingir seu topo. O mais emblemático e dramático é que a General Motors empregou mais gente na Grande Depressão do que o Google e o Facebook empregam hoje no auge.

No Brasil não temos dados nem pesquisas medindo o impacto da revolução tecnológica na nossa geração de emprego e renda. Somos um país continental, com uma população de mais de 210 milhões de habitantes e mais de 220 milhões de *smartphones* ativos segundo levantamento da Fundação Getulio Vargas (FGV). O comércio eletrônico começou a mudar as cadeias comerciais, e a pandemia veio a acelerar esse processo. O grau de automação aumentou vertiginosamente. A customização dos serviços gerou um processo disruptivo novo e intenso extremamente desempregador. Caso as corporações, empresas e governos não reflitam sobre isso e ajam de forma eficaz, temos grande chance de aumentar a precarização do trabalho num fenômeno que começa a ser conhecido como "uberização", que vem deteriorando em grande escala as relações trabalhistas. O mercado de trabalho ficará divido entre um setor empregador digitalizado – a indústria 4.0 típica da nova revolução que domina a "internet das coisas" – e um setor arcaico marcado pela informalidade e precariedade.

O ciclo do trabalho será mais curto porque a automação o tornará rapidamente obsoleto e abundarão trabalhos temporários sem proteção, "freelancers" que impedirão a sindicalização e organização do setor. Os serviços de delivery utilizam-se de trabalho quase escravo. O prestador não é empregado de quem encomenda, não é empregado da empresa que entrega, não é do restaurante ou da empresa para a qual trabalha, aluga a bicicleta ou moto que utiliza, não tem férias, não tem folga no final de semana, não tem plano de saúde e não vai se aposentar... Na fase inicial, esse novo escravo sentiu-se liberto de uma estrutura tradicional de trabalho com subordinação e rotina, achando que essa seria sua forma de libertação. Sua consciência ainda não se firmou, mas ele já sente sinais insistentes de que as coisas não estão saindo como imaginou e foi estimulado a crer. Isso ocorre no mundo todo e de forma intensa em nosso país.

A Califórnia é o estado mais populoso e rico dos Estados Unidos e se fosse considerada como nação seria uma das cinco economias do mundo. Pois bem, por isso mesmo ela, de certa forma, antecipou esse debate em torno da precarização do trabalho. A Califórnia aprovou uma lei obrigando as empresas da *gig economy* a registrarem seus trabalhadores como funcionários. Uma decisão da Corte Superior do Estado determinou que a Uber e a Lyft reclassificassem seus motoristas como funcionários e não como trabalhadores autônomos. A lei aprovada definiu alguns critérios para poder excluir motoristas das consequências da legislação trabalhista. Os motoristas deveriam ter de comprovar não serem controlados pelo empregador, no caso a Uber ou a Lyft; prestarem o mesmo serviço fora dessas plataformas e participarem de outro negócio da mesma natureza que o trabalho que vinham prestando. Nenhuma das duas empresas conseguiu comprovar todos esses requisitos.

A Uber tentou de várias formas não ser incluída nesse desenho legal. Sustentou que só fazia um aplicativo e que os próprios motoristas definiam o preço de suas viagens. Não deu certo. A Uber, a Lyft e a entregadora de delivery Door Dash ameaçaram deixar a Califórnia se fossem obrigadas a cumprir essa decisão. Ambas patrocinaram uma cara campanha publicitária buscando apoio de seus usuários. Ao mesmo tempo, apresentaram uma proposta pela qual se obrigavam a conceder um piso salarial e benefícios limitados aos motoristas como vouchers de seguro-saúde, ganho por horas e implementação de medidas de segurança. Por uma margem estreita, os eleitores da Califórnia decidiram que os funcionários dessas empresas não deveriam ser considerados funcionários e votaram a favor da proposta apresentada por elas. Mesmo negando o vínculo empregatício, foi reconhecido algum grau de responsabilidade dessas empresas com seus motoristas, que ganharão alguns benefícios que antes não tinham. No Brasil, o Superior Tribunal de Justiça entendeu também que o motorista da Uber não tem vínculo empregatício, mas não se fixou qualquer benefício a ele.[10]

Em fevereiro de 2021, a Suprema Corte Britânica determinou que os motoristas da Uber no Reino Unido devem ser classificados como trabalhadores e ter direito a férias e salário mínimo. Ela entendeu que trabalhadores ("*workers*") e empregados ("*employees*") são categorias diferentes e que os condutores do Uber estão na primeira categoria.

Para essa decisão, a mais alta corte da Justiça britânica considerou algumas razões. Primeiro porque os condutores não podem interferir no valor cobrado para cada viagem que é fixado pela Uber. Segundo porque a Uber define os termos do contrato de trabalho por meio do seu aplicativo. Terceiro porque a companhia permite que os motoristas aceitem ou recusem as viagens, mas, se recusarem seguidamente, serão penalizados. Por último a Uber restringe a quantidade de comunicação entre motoristas e passageiros, algo que não sofreria restrições se os condutores trabalhassem por conta própria. Rejeitou também a comparação com outras plataformas digitais que atuam como agentes de reserva de hotéis e mesmo de motoristas ligados aos estabelecimentos de turismo.[11]

Tudo isso vem ocorrendo sem que as etapas definitivas da revolução digital tenham ocorrido. Com a internet 5G e a utilização permanente das impressoras 3D, reduzir-se-á ainda mais o volume de vagas nos postos de trabalho, sem falarmos na robotização, especialmente das indústrias, como já ocorre no exterior e que virá em breve para nosso país.

O problema está lançado. Ele reflete conflitos e dilemas que a revolução digital nos traz e sobre os quais este ensaio pretende refletir. Nesse sentido, a síntese marxista está correta: a história da humanidade é uma longa e eterna luta de classes na qual as conquistas da classe trabalhadora só vieram pelo confronto e pela reinvindicação. A diferença é que, ao contrário do que Marx previu, não ocorreu o fim do capitalismo nem houve uma revolução proletária mundial, porque o capitalismo foi fazendo sempre novas concessões e cedendo os anéis para preservar seus dedos. O diagnóstico de Marx foi preciso e continua em muitos aspectos atual. Concordamos com o diagnóstico, divergimos da terapia. Seu *Manifesto comunista*, escrito com Engels em 1848, foi fundamental para a luta da classe trabalhadora e o movimento sindical, fazendo com que a relação capital-trabalho ficasse mais equilibrada. Como projeto político, o socialismo ruiu, haja vista a Rússia. A China é um exemplo de capitalismo estatal. O capitalismo é poderoso porque é instintivo e formou-se pela práxis comercial. O socialismo é, antes de tudo, um sonho genial de uma sociedade mais justa, nascida da formulação intelectual de vários pensadores. O capitalismo não, ele se mistura com a própria história da humanidade e por isso soube fazer concessões que Marx nem ninguém imaginou que fizesse.

As ideias vivas de economistas mortos

Pensadores especiais conseguem sintetizar gerações, os geniais séculos que viveram. Do ponto de vista do pensamento econômico, não há muita dúvida de que no século XIX Karl Marx foi esse homem. No século XX, dois se destacam do conjunto amplo: John Maynard Keynes e Joseph Schumpeter. Nosso século XXI, de certa forma, tem a contribuição dos dois muito nítida.

Do ponto de vista da ruptura tecnológica, nosso tempo se aproxima muito da visão de Schumpeter. Ele sempre insistiu que a economia não poderia ser estudada ou entendida sem sua interseção com o processo evolutivo da história. Uma de suas maiores contribuições foi a introdução da noção de destruição criadora como elemento essencial do processo capitalista. Para ele, o capitalismo, com seus benefícios e suas mazelas, só poderia ser compreendido a partir de suas estruturas, na sua dinâmica incessante pela qual o antigo é substituído pelo novo.

Em suas próprias palavras: "Esse processo de destruição criadora é básico para se entender o capitalismo. É dele que se constitui o capitalismo e a ele se deve se adaptar toda empresa capitalista para sobreviver."[12] Schumpeter atribuía enorme importância aos novos métodos de produção ou transporte, novos mercados e formas novas de organização industrial criadas pela empresa capitalista.

O salto tecnológico, a inovação seria para ele o parâmetro fundamental para o futuro da economia de mercado. Enquanto os economistas clássicos detinham-se na concorrência dos preços, ele insistia numa superioridade decisiva pela qualidade ou pelo custo. Essa substituição do antigo pelo novo "numa eterna tempestade de destruição criadora" é que era essencial para o empreendedorismo e para o capitalismo, para ele indissociáveis. Entendia que "o problema usualmente estudado é o da maneira como o capitalismo administra a estrutura existente, ao passo que o problema crucial é saber como ele as cria e destrói".[13]

Para isso, era essencial entender a história da eletricidade, da roda conjugada com a água, de todos os meios de transporte desde de o cavalo até o avião. Isso compunha um conjunto de revoluções e evoluções técnicas que, nas suas palavras, eram signos e etapas fundamentais para se entender como se expandiu a produção e reduziram-se os preços. Enfim, haveria sempre inúmeras paredes em desmoronamento e sobre esses escombros é que se construiriam as bases novas do capitalismo, e só com a consciência dessa destruição criadora incessante é que se teria compreensão de todo processo.

Um bom exemplo de disrupção tecnológica ocorreu com a Kodak. Quando eu era adolescente, a empresa era quase que sinônimo de fotografia. Durante quase um século dominou o mercado de fotografia sendo uma gigante com presença mundial. Quando surgiu a câmera digital, que era uma mudança de paradigma e não apenas um produto novo – sinal que a foto digital estava mudando o mercado de fotografia, digitalizando –, a direção da empresa fez a leitura errada. Insistiu no mercado tradicional da fotografia, recusou a mudança tecnológica e, em 2011, a Eastman Kodak pediu falência. Parece claro e evidente que Schumpeter tenha antecipado o que viria a ser o capitalismo moderno e que os tempos que vivemos tornaram sua análise e ideias totalmente precisas e adequadas. Se existia algum desconforto com sua obra, este desapareceu por completo durante a nossa Quarta Revolução Industrial.

Por outro lado, o século XX só é compreensível do ponto de vista econômico com a obra de Keynes, que o sintetiza e revoluciona com a mesma intensidade com que Marx o fez para o século XIX. *The general theory of employment interest and money*, publicado em 1936, é um evento comparável à publicação de *A riqueza das nações*, de Adam Smith em 1776 e à primeira edição do *O capital* em 1867.

Keynes foi o primeiro a romper com a ideia de equilíbrio pela qual numa economia livre era como se existisse uma "mão invisível", na imagem de Adam Smith, organizando e fazendo com que os preços ditados pelo mercado encontrassem sempre compradores e vendedores, garantindo-se assim emprego e renda. Provou que na busca do ganho máximo os agentes econômicos – produtores, consumidores ou assalariados – podem gerar crises mesmo com o funcionamento das forças automáticas dos mercados livres que não possuíam esse poder infinito de manter o sistema equilibrado como a teoria clássica pregava e sustentava. Keynes vai estudar as flutuações da produção e do emprego através da demanda e da oferta agregada. Nas flutuações do investimento é que residiria a chave para a compreensão dos movimentos cíclicos do capitalismo, que para ele se exteriorizava na aquisição de equipamentos do setor produtor de bens de capital, na ampliação da capacidade produtiva e na expansão da produção de bens de capital. Isso é que deveria ser monitorado de perto.

Em suas palavras:

> O investimento assim definido inclui, portanto, o aumento do equipamento de capital, quer ele consista em capital fixo, capital circulante ou capital líquido e as principais definições (abstraindo-se da distinção entre investimento e investimento líquido) são devidas à exclusão de uma ou de várias destas categorias.[14]

O empresário estima seus custos de produção e projeta uma taxa de retorno de seu investimento, que é a eficiência marginal do capital. Se a taxa de retorno é maior que a taxa de obtenção de fundos ou de aplicação ou de aplicação de recursos próprios no mercado financeiro – ou seja, a taxa de juros naquele momento –, ele se sente motivado a fazer ou não fazer o investimento. Assim, a decisão de expandir uma nova fábrica ou mesmo construir uma nova implica, para o empresário, uma decisão de "sair" de um ativo de liquidez universal, como a moeda ou o capital financeiro em suas diversas modalidades, para "entrar" nesse investimento específico.

Desse modo, Keynes rompe com a Lei de Say, segundo a qual não poderia haver "escassez de poder de compra" porque a correção dos salários, preços e juros garantiria sempre a conservação desse poder. Ele insiste que em busca de manter e ampliar seus ganhos os agentes econômicos poderiam gerar crises independentemente da organização dos mercados. A teoria clássica partia de um quase postulado matemático que era a hipótese de igualdade entre o preço da procura da produção no seu conjunto com o preço da oferta. Jean-Baptiste Say havia anunciado em seu *Tratado de economia política*, publicado em 1803, que "os produtos se trocam contra outros produtos". Assim, segundo essa lei dos mercados, a produção de bens provém de uma demanda global capaz de adquirir sempre esses bens. Em outras palavras, o preço de cada produto vendido tem origem e fundos num retorno de salários, lucros ou aluguéis capazes de permitir a compra desse produto. Dessa forma, o consumidor, ao adquirir um produto, manteria o sistema funcionando sem que houvesse uma escassez de demanda ou de oferta; em suma, um mundo perfeito e equilibrado.

Keynes, com razão, entendia que isso era igual a crer num postulado matemático, ou seja, se essa hipótese fosse admitida tudo mais seria decorrência. Sendo assim, uma grande compra de produtos de determinada empresa poderia compensar o eventual desemprego numa empresa concorrente mantendo o nível de emprego constante e assim o equilíbrio geral do sistema. Mas as coisas não funcionam assim na vida real.

No prefácio à edição francesa da sua *Teoria geral* ele esclarece e ataca esse ponto com clareza:

> Acredito que a economia em toda parte, até recentemente, tenha sido dominada, muito mais que compreendida, pelas doutrinas associadas ao nome de J. B Say. É verdade que a "lei dos mercados" dele já foi abandonada há tempo pela maioria dos economistas, mas eles não se livraram de seus postulados básicos, particularmente de sua ideia errônea de que a demanda é criada pela oferta. Say estava supondo implicitamente que o sistema está sempre operando com sua capacidade máxima, de forma que uma atividade nova apareceria sempre em substituição e não em suplementação a alguma

> outra atividade. Quase toda teoria econômica subsequente tem defendido, no sentido de que ela tem exigido, esse mesmo pressuposto. No entanto uma teoria com essa base é claramente incompetente para enfrentar os problemas do desemprego e do ciclo econômico.[15]

Era o que ele se propunha a fazer.

A Grande Depressão irá mudar esse cenário. Keynes sustentará que havia uma escassez de demanda e assim existia uma preferência pela liquidez e, em consequência, os preços poderiam não se ajustar à redução da demanda; as mercadorias poderiam ficar sem compradores e os empresários poderiam quebrar e/ou ficar sem seus negócios. Seriam necessárias medidas corretivas que aumentassem o fluxo da demanda deprimida, seja pelo aumento dos gastos públicos ou dos empréstimos por parte do governo, e isso por si só era o fim do prazo de validade da Lei de Say, que reinou por muitos anos.

A economia moderna não encontraria seu equilíbrio necessariamente no pleno emprego; ela poderia encontrá-lo no desemprego. Keynes ataca o cerne da ortodoxia acadêmica, liberta a economia da tirania da Lei de Say e destrói o mito do capitalismo como um sistema autorregulador que sempre conciliaria os interesses públicos com os privados. Chama a atenção de todos que a depressão e o desemprego, longe de serem impossíveis, eram situações normais para as quais a economia moderna tenderia, o que seria confirmado nos anos subsequentes e até hoje.

Caberia, portanto, ao Estado suprir a carência de demanda efetiva nos momentos de depressão e desemprego. Na visão clássica, a poupança era considerada intocável e sobre ela se construíra parte da produção teórica. Keynes irá demonstrar que as crises tinham origem não na carência da poupança, mas sim na ausência de investimento e na ociosidade do parque produtivo. O problema central não era como os preços das mercadorias eram estabelecidos, nem como a renda resultante da produção era distribuída, mas sim como se determinam os níveis de produção e emprego. Os ciclos econômicos se explicam pela divergência entre o montante que os homens desejam poupar e o que outros homens desejam investir, a propensão marginal à poupança ou ao investimento.

À medida que aumentam os níveis de produção, emprego e renda, diminui o consumo decorrente dos incrementos dessa renda, declina a propensão marginal ao consumo e aumenta a poupança. Sendo a renda poupada e não gasta, haverá redução da demanda total de bens e serviços e, portanto, da produção e do nível de emprego. Mesmo com taxas de juros baixas, pode não haver investimento suficiente pela existência de uma capacidade ociosa e pela falta de clareza e segurança em relação ao retorno desse investimento. O único remédio é a intervenção estatal fazendo um déficit orçamentário e emitindo títulos para extrair a renda não gasta pelo setor produtivo e com ela reativando a economia. Só assim se poderia romper a situação de desemprego: gastando deliberadamente o que havia sido poupado e economizado pelo setor privado.

Uma ajuda importante para a consolidação das ideias keynesianas viria com Simon Kuznets (1901-1985), que deu forma e valor estatístico a conceitos até então fluídos, como produto nacional bruto, renda nacional e seus componentes. Nos países em geral e nos Estados Unidos em particular não havia cifras confiáveis sobre o nível e a distribuição do desemprego durante a Grande Depressão. Na realidade, como se vivia no domínio da ortodoxia clássica não fazia sentido investir, gastar dinheiro para mensurar algo que normalmente não deveria existir. A personalidade discreta de Kuznets foi responsável por ele não se envolver nos grandes debates que se travavam na área acadêmica, mas suas descobertas foram fundamentais para o triunfo de Keynes sobre o grupo opositor. Paul Samuelson, em seu clássico *Economics*, enaltece-o dizendo que sem "esta grande invenção do século XX (as contas nacionais) a macroeconomia permaneceria à deriva num grande mar de dados desorganizados".[16] Discordar da teoria de Keynes era possível e até tentador, refutar as estatísticas de Kuznets era muito mais difícil, e assim ele indiretamente ajudou a consolidar a obra de Keynes. O New

Deal implantado por Roosevelt, somado aos efeitos da Segunda Guerra, consolidou no plano da realidade o que ele havia sustentado em nível teórico. Como bem sintetizou John Kenneth Galbraith: "Keynes afastou do capitalismo o íncubo da depressão e do desemprego – ou pelo menos esta era sua intenção. E eliminou assim a característica que o sistema não sabia explicar e à qual, segundo Marx, ele não poderia sobreviver."[17]

Esses dois pensadores fundamentais estão presentes agora. Schumpeter, mais do que atual é profético ao antever a inexorável formação dos monopólios e a importância do salto tecnológico no processo competitivo. Na essência do que tem sido essa revolução digital, Schumpeter é o grande arauto, e conhecendo suas ideias podemos entender melhor a velocidade do nosso tempo e a rapidez da modificação da vida das empresas como um fenômeno dramático, mas lógico e distributivo.

Schumpeter defendeu que um determinado grau de monopólio era inevitável, pois se a concorrência fosse perfeita os inovadores não conseguiriam se apropriar do retorno de suas inovações, e sem elas não haveria crescimento. Os monopólios seriam temporários, uma vez que a inovação levaria um monopolista a ser substituído por outro. A questão é que os monopólios podem ser muito menos temporários do que pensava Schumpeter naquele momento, naquelas condições históricas. As empresas podem investir gigantescos recursos para impedir a entrada de outras, desestimulando as inovações dos outros para benefício próprio. As *big techs* encarnam essa situação neste momento, e por isso é que o próprio sistema terá de fazer as correções como sustentaremos mais adiante e ao longo deste ensaio.[18]

Em 2006, a crise das *subprimes* foi desencadeada a partir de instituições de crédito que concederam empréstimos hipotecários de alto risco e acabaram arrastando vários bancos para situações de insolvência com repercussões nas bolsas de valores mundiais. O banco de investimento norte-americano Lehman Brothers, fundado em 1850, foi o primeiro da fila de um conjunto expressivo de instituições, como as imobiliárias Fannie Mae e Freddie Mac, que concediam crédito imobiliário. Para evitar um colapso, o governo norte-americano reestatizou essas agências que tinham sido privatizadas em 1968 injetando US$ 200 bilhões nas duas, no que foi considerada como a maior operação de socorro financeiro feita pelo governo americano até aquela data para esse segmento.

Como havia crédito fácil, criou-se uma demanda permanente que aumentava o valor das propriedades e também o valor do crédito disponível para financiá-las. As pessoas começaram a comprar imóveis na expectativa de que apenas sua valorização permitisse a elas refinanciar suas hipotecas com lucro. O FED havia adotado uma política de juros baixos e redução das despesas financeiras, ajudando aos agentes imobiliários a incentivar a clientela a investir em imóveis. Os créditos, que inicialmente eram concedidos com exame e estudo, começaram a ser concedidos sem cuidado a famílias economicamente frágeis que depois ficaram conhecidas como "clientes ninja", um acrônimo para os "sem renda e sem patrimônio". Estranhamente, os títulos lastreados em hipotecas e derivativos dessas vendas tiveram aceitação em todo o sistema financeiro. Mais que isso, as agências de crédito concederam a chancela máxima de AAA (*triple A*) para diversos deles. Na outra ponta, o endividamento médio das famílias, que era de 72% da renda disponível em 1980, chegou a representar 140% em 2006.

Quando o Federal Reserve aumentou a taxa de juros para reduzir a inflação, desregulou-se a máquina; o preço dos imóveis despencou, tornando impossível o refinanciamento pela clientela "ninja", que se tornou inadimplente em massa. Os títulos derivados dessas vendas ficaram impossíveis de serem negociados, gerando um efeito dominó que atingiu o sistema bancário internacional em meados de 2007.

Paul Krugman, analisando essa crise, fez uma observação precisa sobre o funcionamento do mercado imobiliário aplicável a outros mercados do mundo e também ao nosso (brasileiro):

> Figuras influentes deveriam ter promulgado uma regra simples: qualquer coisa que faça o que os bancos fazem, qualquer coisa que precise ser socorrida nas crises da mesma maneira como os bancos, deve ser regulada como os bancos.[19]

Agora, com a pandemia do coronavírus, o mundo vive uma crise sem precedentes. A Europa também concedeu créditos de forma maciça. O Brasil também concedeu auxílios financeiros que serão analisados mais detalhadamente em outro capítulo. O governo Trump concedeu uma ajuda financeira de trilhões. Por detrás dessa ação estatal nas crises, injetando dinheiro na economia, adquirindo títulos no mercado, destinando auxílios emergenciais às populações mais carentes, enfim, por detrás desse conjunto de medidas a que assistimos novamente no mundo todo encontraremos a impressão digital de John Maynard Keynes. Podemos dizer que desde a crise financeira da *subprime* de 2007-2008, com os gigantescos empréstimos governamentais, o *quantitative easing* (QE) ou flexibilização quantitativa através da qual o banco central norte-americano deu liquidez ao mercado comprando grandes quantidades de títulos das empresas endividadas e outros ativos das mesmas, roteiro que depois foi replicado pela União Europeia, sua influência intelectual está presente.

O QE era um programa de recompra de títulos do governo norte-americano e de créditos securitizados. Essa recompra comprimia a curva de juros e provia a liquidez do mercado de crédito, tanto público como privado. No início de 2020, iniciou-se algo novo: a maior pandemia de toda uma geração. Depois de anos com juros zero e a realização de quatro QEs pelos governos americanos não havia mais espaço para a política monetária e resolveu-se atacar o problema pela política fiscal. Se antes os recursos nos QEs iam para os detentores dos títulos, ou seja, os poupadores, agora, com o "corona voucher" o dinheiro foi direto para as mãos da população de baixa renda, exatamente as camadas que mais consomem potencialmente, o que tem ajudado a recuperação americana.

Ao contrário dos QEs que não geraram qualquer efeito sobre a inflação, o "corona voucher" poderá vir a gerar. No Brasil, com o auxílio emergencial, distribuímos "corona vouchers", o que ajudou a manter certo nível de atividade econômica básica via consumo de baixa renda com efeitos inflacionários já detectados nos setores de alimentação e construção civil por exemplo. De qualquer forma, tanto com o QE como com o "corona voucher", Keynes está totalmente vivo e presente, e o mundo como um todo tornou-se nova e inexoravelmente keynesiano.

Fica clara a importância de estudar ou, no mínimo, tomar conhecimento das principais ideias desses economistas que continuam vivas em nossa sociedade. Sobre esses pensadores fundamentais, deixemos que o próprio Keynes explique seu ponto de vista:

> No final de tudo estaremos todos mortos... As ideias dos economistas e filósofos políticos, certas ou erradas, têm mais importância do que comumente se pensa. De fato, o mundo é governado quase exclusivamente por elas. Os homens práticos que se julgam completamente livres de qualquer influência intelectual são, geralmente, escravos de um economista defunto.[20]

O QR code da pobreza

Um dos temas centrais que irá ocupar nosso futuro será certamente a necessidade de se implantar no Brasil, de forma permanente, mais um programa de transferência de renda além do Bolsa Família ou em sua substituição. Economistas e estudiosos dos mais variados matizes e mais diversas convicções políticas concordam com a necessidade de se construir um estado de bem-estar. Assim, mesmo nos Estados Unidos, país que mais protege o setor privado, evita a qualquer custo a intervenção estatal e pratica uma economia de mercado permanente, o debate reuniu economistas de convicções distintas, como Milton Friedman de Chicago[21] e James Tobin de Yale.[22]

Friedman fundamentalmente propôs a definição de uma linha de renda ou de corte de tal forma que todos os rendimentos acima dessa linha pagassem um percentual de imposto e, ao mesmo tempo, do outro lado, todos que recebessem rendimentos abaixo dessa linha recebessem uma fração desse imposto suplementar. Por exemplo, para fins meramente didáticos e de demonstração, vamos supor que essa linha seja R$ 4.000,00 e que a taxa fiscal seja de 50%. Assim, todo rendimento acima de R$ 4.000,00 seria taxado em 50% e todo rendimento abaixo desse montante receberia 50% do valor que faltasse para atingi-lo. Para dar números ao exemplo, alguém que ganhe R$ 6.000,00 pagaria 50% de R$ 2.000,00 (valor acima da linha de corte) e teria uma renda de R$ 5.000,00. Na outra ponta alguém que ganhasse R$ 3.000,00 receberia 50% de R$ 2.000,00 (montante que falta a atingir a linha de corte) e teria uma renda de R$ 4.000,00.

Um aspecto importante no imposto de renda negativo tal como concebido por Friedman é que sua implementação não se daria em conjunto com os demais impostos existentes, nem programas de renda mínima, pois ele visaria substituir todos eles simplificando a estrutura fiscal ao mesmo tempo que produziria uma sociedade mais justa, permitindo a mais pessoas sair da linha da pobreza. Ele pressupõe também ser um programa permanente que não pode ficar ao sabor das conveniências políticas, nem se tornar refém de um grupo de poder específico.

É certo que Friedman tinha preocupação com o bem-estar dos mais pobres, mas também temia o custo da máquina pública ao administrar os diversos programas tradicionais e assim acreditava que o imposto de renda negativo era superior. Sustentava de forma direta e franca que se o principal problema dos pobres era que eles tinham muito pouco dinheiro, a solução mais simples e mais barata seria dar-lhes mais dinheiro. Não via vantagem em contratar um exército de burocratas para distribuir subsídios ou vales para alimentação, conta de luz, creche ou aluguel de moradia.

No fim, apesar de debatido, tal imposto de renda negativo nunca foi adotado em função da preocupação que um benefício tão grande, capaz de sustentar uma família na cidade de forma permanente, pudesse induzir as pessoas a parar de trabalhar. Como verão adiante, o núcleo dessa ideia permanece presente inclusive nas propostas sugeridas em nosso debate nacional.

Outra forma de abordar a questão vem dos partidários dos programas de renda básica da cidadania ou renda básica universal que defendem pagar uma quantia em dinheiro a cada cidadão do país ou de uma região com o objetivo de propiciar a garantia de satisfação de suas necessidades básicas. Se fosse incondicional, o valor seria distribuído pelo poder público de forma igualitária sem qualquer pré-requisito. Se fosse criado sob a forma condicional, deveria obedecer às regras constantes da legislação de sua criação. No Brasil, o senador Eduardo Suplicy é um grande defensor dessa ideia, que acabou se convertendo na Lei nº 10.835/2004, sancionada pelo presidente Lula, que instituiu, a partir de 2005, a renda básica de cidadania a qual se constituiria "no direito de todos os brasileiros residentes no país e estrangeiros residentes há pelo menos 5 (cinco) anos no Brasil, não importando sua condição econômica, receberem um benefício monetário". Apesar de aprovada, a lei nunca foi implementada por ausência de dotação orçamentária. Os cálculos e projeções matemáticas demonstraram ser uma proposta financeiramente insustentável.[23]

Com a eclosão da Covid 19, o Brasil foi obrigado a promover uma ajuda financeira à população mais carente. Foi criado um auxílio emergencial e fixado o valor mensal de R$ 600,00 para enfrentamento da Covid-19 e suas consequências econômicas. O governo federal estabeleceu que o auxílio seria inicialmente por três meses para até duas pessoas de uma mesma família. Nas famílias em que a mulher fosse a única responsável pelas despesas da casa, o valor pago mensalmente seria de R$ 1.200,00. Toda a operação financeira foi consolidada junto à Caixa Econômica Federal (CEF).

O grande cadastro ativo da pobreza brasileira é o do Bolsa Família, que tem hoje mais de 25 milhões de famílias inscritas. Todas as famílias do Programa Bolsa Família (PBF) estão no Cadastro Único (CadÚnico), mas nem todas elas são beneficiadas pelo auxílio emergencial. Quem já integra o CadÚnico recebeu automaticamente pela Caixa Econômica, desde que suspendesse a prestação do PBF. Como o auxílio emergencial foi maior que a prestação, a maioria agiu assim. Todavia a Covid 19 veio nos mostrar uma face ainda mais dura da nossa realidade econômica e social. Milhões de brasileiros receberam, mas milhões não receberam por não se enquadraram nas regras e por não estarem em lista alguma ou controle de governo. Muitos não têm nem acesso à internet para se regularizar. São desempregados, autônomos e trabalhadores informais que ficaram sem renda por causa da pandemia e que dependem dessa ajuda por uma questão de sobrevivência. São os "invisíveis" do Cadastro Único.

É interessante observar que a definição de "invisíveis" foi dada pelas próprias autoridades da área econômica do governo, sendo impossível não a associar à casta dos invisíveis da sociedade indiana. O sistema de castas na Índia é um dos mais antigos sistemas de estratificação social que divide os hindus em grupos hierárquicos rígidos com base no seu *karma* (trabalho) ou no seu *dharma* (dever ou religião). No topo das pirâmides sociais estão os brâmanes, que correspondem aos sacerdotes e professores; depois os xátrias, que são os militares e membros da administração, seguidos dos vaixiás, que reúnem fazendeiros e comerciantes e, por fim, os sudras, que agregam os operários, artesãos e camponeses. Reparem que esse sistema de estratificação não vigora apenas na Índia, mas em todos os países de religião hindu como o Nepal. Na ponta final, sem um lugar hierárquico, estão os invisíveis, os *dalits* que são os varredores de rua, responsáveis pela limpeza manual de excrementos, por lidar com cadáveres e pessoas que cometeram algum delito grave, como roubo, estupro ou assassinato. Essa designação foi criada pelos ingleses para designar pessoas que, dentro dos costumes e das leis indianas de Manu foram expulsas de sua casta. A justificativa é que se alguém nasce numa família *dalits* é porque em outra vida fez alguma coisa para merecer esse nascimento pois o *karma* de pais e filhos é interligado. Os *dalits* são conhecidos também como os "intocáveis" e nessa medida são também invisíveis. O censo de 2011 indicou que os *dalits* representam, mesmo com todo o desenvolvimento recente da Índia, cerca de 16% da população ou mais de 200 milhões de pessoas.[24]

Brasil e Índia têm muitas coisas em comum, mais do que ambos os países possam supor ou admitir. São extremamente populosos, com territórios imensos, fizeram inequívocos progressos que lhes permitiram ingressar no grupo dos Brics, cujo conjunto total engloba China, Rússia e África do Sul. Possuem setores altamente desenvolvidos convivendo com setores atrasados, congelados num tempo imemorial. Em ambos, existem pobreza com cidades favelizadas ao lado de bairros ricos com imóveis luxuosos e muitos moradores de rua. Há muita riqueza, mas mal distribuída.

Todavia num ponto temos muito a aprender com a Índia: o conhecimento e controle desse exército de invisíveis ou intocáveis. A Índia implantou um programa maravilhoso de identificação e digitalização dessa população e conseguiu fazer chegar ajuda a essa maioria de despossuídos. Há cerca de 15 anos, mais precisamente em 2005, a Índia sofreu um tsunami devastador e o governo editou uma lei de gerenciamento de desastres. Assim surgiu a Autoridade Única de Identificação da Índia (Aadhaar) criando-se um sistema que implantou e registrou digitalmente mais de 1,2 bilhão de cidadãos no espaço de uma década, no que é considerado o maior projeto de transformação digital e de transferência de renda do mundo.[25]

Ressalte-se que o grau de informalidade indiana é superior ao brasileiro, com milhares de indianos sem certidão de nascimento, sem residência, sem endereço, que eram literalmente "invisíveis" antes de esse programa ter sido construído. Podemos entendê-lo como um gigantesco Código QR da pobreza. A Aadhaar implantou um sistema simples na fase inicial para que fosse leve, permitindo a qualquer pessoa inscrever-se, bastando para isso fornecer alguns dados básicos, como nome, endereço, data de nascimento, sexo, biometria (aqui entendida como fotografia, impressão digital e íris). Se possuísse, poderia indicar também seu número de celular e endereço de e-mail. Com os dados da biometria, o governo procurou duplicatas de dados evitando fraudes que poderiam ocorrer se alguém se inscrevesse mais de uma vez com nome ou dados diferentes. Essa parte do processo foi a mais difícil por requerer uma tecnologia mais sofisticada.

Para que não houvesse resistência nem conflitos com outras autoridades, a Aadhaar informou que criava uma identidade digital (ID) que seria usada subsidiariamente sem alteração das outras identificações existentes, como carteira de identidade, passaporte ou carteira de motorista. Como não houve invasão de territórios e não se substituíram os documentos existentes, o programa teve ampla aceitação. É evidente que com a adesão e a eficiência atingidas por essa ID ela passou a ser usada pelos outros órgãos de governo posteriormente. Era preciso criar então uma capilaridade financeira para o sistema. Assim foi criado um programa intitulado Ponte de Pagamento Aadhaar, vinculando a identidade digital exclusiva de cada hindu a uma conta bancária. Hoje, cerca de 690 milhões de indianos têm sua ID exclusiva vinculada a uma conta bancária e assim foi possível, na pandemia da Covid 19, transferir recursos para cerca de 100 milhões de famílias necessitadas sem fila ou complicações excessivas. É interessante acrescentar que o governo indiano estimulou a desmonetização do país em 2016, invalidando a maioria das notas bancárias de alto valor para tentar conter a corrupção no país e afastar os indianos do uso do dinheiro em papel.

A Suprema Corte da Índia, após diversas ações judiciais questionando a extensão do poder da Aadhaar, reconheceu sua total legalidade e importância para o combate à pobreza no país, mas esclareceu que a atuação dela teria propósitos específicos. Os juízes definiram que essa era a maneira eficaz de permitir o uso da identidade digital, mas preservando o direito dos cidadãos à privacidade, e que caso não quisessem não precisariam se cadastrar no banco de dados. A decisão da Suprema Corte foi que a Aadhaar continuaria obrigatória apenas para a restituição do imposto de renda ou para a definição do *permanent account number* (PAN). Por outro lado, a Aadhaar não seria uma exigência para a abertura de contas bancárias, para aquisição de linhas telefônicas, para matrículas em escolas ou para a inscrição em exames universitários ou escolares.

No Brasil, a pandemia obrigou o país a ampliar seu horizonte de pesquisa para além do CadÚnico. De qualquer forma, mesmo com vários problemas e desvios, o governo conseguiu ajudar um enorme contingente de pessoas. Até 1º de setembro de 2020, de acordo com dados fornecidos pela CEF, com as cinco primeiras parcelas já pagas do auxílio cerca de 66,2 milhões de brasileiros receberam R$ 184,6 bilhões. Algo como 10 milhões de brasileiros ainda aguardam a análise dos seus dados para receber os R$ 600,00 do auxílio emergencial. Outros 42,7 milhões de pessoas foram consideradas inelegíveis pelo cruzamento dos dados do governo. No lado irônico, o jogador Neymar teve seu nome envolvido no cadastro mesmo sendo um dos maiores salários mundiais do futebol e uma personalidade pública. O empresário e bilionário Luciano Hang, proprietário da Havan, foi cadastrado e aprovado para recebimento do auxílio emergencial. O caso só veio à tona após os dados do empresário terem sido vazados por supostos *hackers*. A CEF admitiu um prejuízo de 60 milhões numa série de pagamentos sem fundamento sólido. Algumas contas foram acessadas por pessoas que não eram beneficiárias do auxílio. Como o calendário dos saques impôs restrições, os fraudadores com criatividade logo ampliaram sua área de atuação usando o dinheiro para quitar boletos, fazer pagamentos com QR code ou utilizaram o cartão virtual da poupança digital. Quando os verdadeiros beneficiários reclamaram que não tinham recebido o auxílio a CEF descobriu a fraude, mas foi obrigada a arcar com o prejuízo uma vez que legislação que o instituiu blindou quaisquer descontos por cobranças de dívidas até de cheque especial. Estabeleceu o texto legal (Lei nº 13.998/2020, art. 2º): "Fica vedado às instituições financeiras efetuar descontos ou compensações que impliquem a redução do valor do auxílio emergencial, a pretexto de recompor saldos negativos ou de saldar dívidas preexistentes dos beneficiários." Resultado prático: a CEF ficou com o prejuízo, ou seja, o Tesouro Nacional arcou com ele. Relatório do Tribunal de Contas da União (TCU) indica que 620 mil pessoas receberam auxílio emergencial do governo federal mesmo sem ter direito. Inúmeros empresários e políticos se cadastraram e receberam. Segundo o tribunal, se não fossem interrompidos esses pagamentos irregulares eles iriam causar mais de R$ 1 bilhão de prejuízos aos cofres públicos. Vamos ver se haverá punições e devoluções efetivas de recursos uma vez que bloqueadas as irregularidades abre-se o caminho para executar os fraudadores pois a partir do bloqueio se tem o roteiro necessário para isso.

Pessoalmente creio que mesmo com problemas e irregularidades (que não foram poucas), o saldo é positivo. O governo conseguiu fazer chegar a milhões e milhões de brasileiros o auxílio emergencial, que foi decisivo para amenizar a gravidade da crise. Com a renda adicional, manteve-se certo padrão de consumo, auxiliando a camada mais necessitada e fazendo uma parte da economia funcionar, reduzindo a intensidade da crise. Como subproduto positivo ficou claro que o mapa da pobreza e da miserabilidade é mais amplo que os limites que foram construídos pelo Programa Bolsa Família. De outro lado o universo de pessoas que foram cadastradas no programa emergencial poderá ser transferido e filtrado para um novo e atualizado cadastro. A experiência bem-sucedida da Índia com a Aadhaar pode ser extremamente útil para essa revolução tecnológica. As políticas de transferência de renda entraram de forma definitiva na agenda brasileira como já estão em quase todo o mundo. Uma digitalização mais ampla e moderna nos permitirá enfrentar crises semelhantes e, ao mesmo tempo, ter políticas públicas permanentes para pobreza e miserabilidade que cheguem efetivamente aos necessitados.

É digna de nota a declaração recente de Bill Gates sobre ambos os países no Singapore Fintech Festival, quando a respeito desse programa de distribuição de recursos novamente testado e aprovado na Covid 19 disse o seguinte: "Se as pessoas querem estudar uma país agora, além da China, eu diria que deveriam olhar para a Índia. As coisas estão realmente avançando lá e a inovação em torno desse sistema é fenomenal."[26]

Por último gostaríamos de ressaltar como o governo do presidente Jair Bolsonaro, neste momento em que escrevo, se sente totalmente seduzido por prolongar e manter o auxílio emergencial que não fazia parte do seu projeto original, muito pelo contrário, na medida em que uma de suas grandes bandeiras seria reduzir o populismo construído por quase quatro mandatos presidenciais do Partido dos Trabalhadores (PT). No meio da pandemia, vendo sua popularidade declinar de forma rápida no sentido inverso da curva de crescimento da Covid, percebeu por pesquisas qualitativas que parte expressiva da aprovação resiliente a seu governo deriva do auxílio emergencial e tenta mantê-lo e prolongá-lo. Pretende lançar o Renda Brasil, que substituirá o Bolsa Família e incorporará diversos programas esparsos de transferência de renda. Isso comprova como uma das maiores tentações e riscos dos programas de transferência de renda é exatamente o uso político que eles acabam gerando, especialmente em países com enormes desigualdades de renda, hordas de desempregados, como o Brasil, capaz de produzir um domínio eleitoral permanente no país. Neste momento, o governo está numa encruzilhada: se prosseguir com o auxílio cria uma crise fiscal, se parar cria uma crise social.

Quando se fala em programas de transferência de renda só se alude àqueles sem trabalho, quando existem inúmeros exemplos históricos de diversos países que adotaram programas de transferência de renda com trabalho. Não se discute nem se contempla a possibilidade de fazer transferências com trabalho tendo como contrapartida frentes para abertura de estradas, construção de pontes e demais obras públicas. Todo esse arsenal foi utilizado em outros países para saírem do atoleiro dramático do desemprego.

Keynes, para espanto e desespero dos ortodoxos, na Grande Depressão defendeu que havia certa racionalidade no desperdício de dinheiro público em obras inúteis, como a construção de pirâmides ou enterrar garrafas com dinheiro para que fossem procuradas e desenterradas pelos desempregados. Uma metáfora, é claro. A construção civil, por ser absorvedora de mão de obra imediata e não qualificada, foi o grande motor do plano conduzido por Hjalmar Schat (1877-1970) na reconstrução da Alemanha nazista, com liberação maciça de recursos para construção de diques, canalizações, estradas, drenagens, moradias populares, hospitais e as famosas *autobahns* – autoestradas de alta velocidade que cruzam toda a Alemanha até hoje.[27]

A concessão de microcréditos também pode permitir que os pequenos empreendedores tentem manter seus negócios não migrando de forma definitiva para a situação passiva de beneficiários de um programa de transferência de renda. Novamente, a experiência da Índia pode nos ser útil. Em Bangladesh, os bancos não emprestavam para os pobres sob o argumento de que eles não teriam como pagar-lhes de volta. O Grameen Bank, fundado por Muhammad Yunus, Nobel da Paz de 2006, é exemplo interessante e reprodutível. Os empréstimos sem contrapartida são muitas vezes feitos sem contrato formal, baseados na confiança.

Hoje o repagamento dos empréstimos no Grameen Bank é de cerca de 97% a 98%. Yunus sustenta que o melhor pagador é o pobre, e que nas crises quem não paga de volta são os ricos. Atualmente, a maioria dos empréstimos são feitos às mulheres da família, que demonstraram gerir os recursos e quitar os empréstimos melhor do que os homens. O conceito não é simplesmente conceder crédito, mas antes ajudar o pobre a sair da sua dificuldade. Quando isso ocorre, ele retorna e paga o que pediu emprestado. É curioso constatar que em nosso programa habitacional "Minha Casa Minha Vida", recentemente alterado sem razão alguma para "Casa Verde e Amarela", em sua faixa mais simples, a faixa 1, quando o imóvel praticamente é doado ao mutuário, quem termina ficando com o imóvel onde reside a família frequentemente é a mulher, com o homem abandonando família e empréstimo. Nesse programa, ao invés de pura e simplesmente doar o imóvel que faz com que o mutuário não dê valor a ele nem tenha orgulho dele (haja vista o imenso número de revendas e abandonos), o interessado poderia integralizar sua contrapartida trabalhando fisicamente na fase inicial de sua implantação, que é de simples execução, o que geraria certamente um sentimento mais real do valor de conquistar a casa própria. Um exemplo de transferência de renda conjugada com trabalho.

Voltando à experiência indiana, lembramos que a revolução na transferência de recursos feita pela Aadhaar foi toda digital. Isso poderia ser feito no Brasil, pelo Banco Central, com contas diretas usando, por exemplo, o PIX criado por ele, dispensando os custos de intermediação do setor bancário. Apesar de muita dedicação e esforço dos seus funcionários, testemunhamos filas quilométricas nas agências da Caixa Econômica Federal e tenta-se, até agora, recuperar parte desse dinheiro que custou em dose dupla para a sociedade: primeiro pela transferência desviada e depois pela recebida pelo necessitado.

Assim, existem alternativas que poderiam e deveriam ser incluídas nessa batalha para reduzir o desemprego e minorar a pobreza no Brasil. Já vimos que há certa lógica e racionalidade em transferir renda sem trabalho envolvido ou contrapartida, mas deveríamos contemplar também a possibilidade de abrir frentes de trabalho remuneradas para grandes obras públicas aproveitando a experiência concreta de diversos países em suas grandes crises. Vamos trabalhar primeiro para identificar nossos milhares de "invisíveis" ampliando nosso mapeamento da pobreza e depois trazendo-os da escuridão para a luz.

Cultura e comportamento

O deslocamento da riqueza

Não há dúvida de que o eixo da riqueza se deslocou da propriedade para a posse das coisas ou, ainda mais especificamente, para o acesso aos dados e controle deles. A maior rede hoteleira do mundo, a Airbnb, não possui nenhum hotel. O Uber, maior empresa de táxis do mundo, não possui um único automóvel. O Facebook, proprietário da maior empresa de mídia do mundo, não produz conteúdo. O Alibaba, maior varejista do mundo, não tem qualquer estoque. Um número crescente de consumidores não compra mais produtos físicos e prefere pagar pela entrega desses produtos por meio de um serviço realizado por uma plataforma digital. Pode-se ouvir quase todas músicas do planeta pelo Spotify e acessar milhões de livros pela Kindle Store da Amazon.

Harari resumiu isso de maneira precisa quando afirmou:

> Antigamente a terra era o ativo mais importante no mundo, a política era o esforço para controlar a terra. Contudo, no século XXI, os dados vão suplantar tanto a terra quanto a maquinaria como o ativo mais importante, e a política será o esforço para controlar o fluxo de dados.[28]

Esse ponto é extremamente importante e por isso sugiro ao leitor que possamos retroagir um pouco no tempo para entender como a propriedade está na raiz do capitalismo e raciocinar acerca de toda a construção legal sobre a qual ele foi alicerçado. Vamos começar pelo direito romano. Deve-se ao imperador Justiniano o primeiro esforço efetivo de unificação do conceito de propriedade. Um dos institutos era o *mancipi*, que se aplicava aos imóveis agrários típicos daquela sociedade primitiva romana. Quais eram as características e exigências desse instituto? Primeiro, apenas romanos podiam ser proprietários desses bens; o estrangeiro não podia ser dono de tais imóveis. Depois, eles precisavam ser demarcados de um modo especial, chamado de *limitatio*, que foi uma exigência precursora do que seria obrigatório posteriormente no desenvolvimento dos limites da propriedade. E, por último, o imóvel tinha de ser itálico, ou seja, estar dentro de solo italiano, não se aplicando sobre as colônias conquistadas pelo Império romano. Sobre esses imóveis, seu proprietário tinha domínio absoluto contra tudo e contra todos *erga omnes* e não eram cobrados impostos; neles viviam as grandes famílias romanas que estavam no topo da estrutura patriarcal. Os imóveis dessas famílias não podiam ser vendidos livremente; pertenciam aos seus membros que herdavam e concorriam entre si na sucessão deles.

Outra forma de propriedade era das coisas *nec mancipi*, que eram detidas pelos outros romanos onde existia mais liberdade para alienar, mas mesmo assim também se obedecia a um ritual próprio. Se esse ritual não fosse observado, o vendedor poderia reivindicar o bem do comprador mesmo depois de ele já ter pago o preço correspondente. Os conflitos assim gerados eram objeto de ações judiciais, e os pretores intervinham para proteger a boa-fé dos adquirentes. Mesmo com todo esse conjunto de regras e da unificação de Justiniano, o direito romano não chegou a formular propriamente um conceito jurídico de propriedade que pudesse ser transferido à sociedade medieval, que necessitou que ela mesma o criasse.[29]

A Idade Média caracterizou-se pela instituição da propriedade feudal, pela qual o conquistador, ao dominar militarmente determinado território, submetia-o ao seu domínio e podia reparti-lo entre aqueles que o acompanharam na conquista. Esses recebiam o domínio desde que prestassem vassalagem ao rei na forma de mercadorias, serviços militares, ou mediante percentagens sobre a produção das terras recebidas, ou mesmo por anuidades. Os glosadores medievais chamavam de *dominium poprietatis* o direito dos proprietários de conteúdo econômico que se diferenciava do *dominium imperii*, que era o domínio do príncipe de natureza política com características que lembram nosso conceito atual de soberania.

O rei, para exercer e manter seu poder, precisava ter a tutela e a vassalagem daqueles a quem ele entregava suas terras, e cada um desses senhores feudais também tinha assegurado o mesmo direito em relação a suas propriedades. Eles podiam subdividir suas áreas entre outros senhores, que por sua vez adquiriam direito igual desde que os novos vassalos também pagassem anuidades ou auxílio militar fundamental para assegurar a integridade territorial do feudo. Cada um desses indivíduos dominava determinada área desde que pagasse sua anuidade e se sujeitasse a prestar auxílio militar, sendo também considerado proprietário e não simples arrendatário, titular de um *ius in re*, direito que se transmitia na sua sucessão hereditária com as mesmas características de um domínio. Isso deu enorme estabilidade ao sistema territorial.[30]

Os senhores romanos que tinham o *mancipium* possuíam um direito absoluto de excluir quem quer fosse de seu imóvel; detinham exclusividade do domínio. No sistema medieval, essas características desaparecem porque o senhor é dono de todas as terras, sendo detentor de um mandato mais político do que propriamente econômico, e seu domínio se presumia, visto que não havia nenhuma prova concreta dele. Ao contrário do que ocorria no mundo romano, o senhor vassalo estava submetido ao pagamento de tributos a um proprietário superior a ele. Portanto, qual seria esse domínio que era cedido no sistema feudal? Era o domínio útil ou direto próximo da enfiteuse.

O feudalismo, ou seja, o feudo foi se tornando a forma dominante na Idade Média, com o rei enfeudando terras a outro senhor que, por sua vez, enfeudava a outro, sucessivamente, na forma de propriedade útil. Em escala menor, existiam em alguns países propriedades independentes que não dependiam de nenhum título superior, lembrando mais o modelo romano, às quais se dá o nome hoje de alodial. Essas duas formas conviveram lado a lado durante todo o imenso período medieval, com predominância majoritária do feudo.

A propriedade só vai encontrar uma enorme ruptura e formulação inovadora com o Código Napoleônico de 1804, que incorporará o movimento individualista da revolução francesa atacando frontalmente, nos países que o adotaram, a estabilidade da grande propriedade territorial pela profunda modificação do direito sucessório, rompendo com a primogenia anglo-saxã concentradora da riqueza na família e permitindo a fragmentação da propriedade o que atendia aos anseios da revolução burguesa. Rompendo também com a tradição romana, pela qual a herança se transferia aos herdeiros quando ocorria a partilha, o Código de Napoleão consagrou a regra da aquisição e posse dos bens da herança no momento do óbito. Permitia-se assim, no direito, a ficção de que a herança era transmitida pelo próprio autor, ficção esta que é muito mais requintada que o mero ato posterior de aquisição via inventário e partilha, que é um ato mecânico e contábil.

O texto do código francês sobre a propriedade irá dispor: "A propriedade é o direito de usufruir e dispor das coisas da forma mais absoluta, para que não sejam utilizadas para fins proibidos por leis e regulamentos" (trad. livre). Essa redação servirá de base a diversas estruturas legais do mundo ocidental, conciliando a tradição romana com os jusnaturalistas e, antes de tudo, preservando os ideais do pensamento liberal consagrado na Revolução Francesa.

O código de 1804 nasceu com o nome mais democrático de Código Civil dos Franceses, passando a denominar-se Código de Napoleão a partir de 1807, mas voltando, após o Congresso de Viena de 1815, a ser conhecido de forma mais simples como Código Civil. O próprio Napoleão, além de constituir a comissão de juristas que elaborou o código, participou ativamente da maior parte de suas reuniões. Tinha clareza premonitória de sua importância a ponto de, depois exilado em Santa Helena, ter dito: "Minha verdadeira glória não foi ganhar quarenta batalhas. Waterloo apagará a lembranças de tantas vitórias. Mas o que nada apagará, o que viverá eternamente é o meu Código Civil."[31]

Essa digressão histórica tem um objetivo: demonstrar como o direito de propriedade, ainda que não seja mais o epicentro da riqueza nesse momento, possui um sistema de regras legais e narrativas sólidas sobre a humanidade que tem um valor profundo e permanente no mundo, mesmo que esteja perdendo expressão econômica.

O inquilino não costuma fazer obras ou intervenções no imóvel alugado, pois está ali sempre de passagem, transitoriamente, podendo ser retirado do imóvel ao término do contrato pelo proprietário. É óbvio que a maior parte das pessoas não possui recursos para comprar um imóvel e tem de alugar para residir. Muitos do mercado financeiro preferem alugar para não terem de imobilizar os recursos da aquisição, empregando no mercado de capitais esse valor expressivo. Preferem ficar líquidos nesse mundo igualmente líquido.

Os imóveis podem conter imensas memórias familiares, um conjunto de histórias, convivências, acontecimentos que são um patrimônio rico e vivo. Na literatura, são inúmeras as casas familiares que foram fundamentais para os escritores que nelas residiram e que povoam seus livros como o Ramalhete em *Os Maias* de Eça de Queirós, a casa de Combray de Proust, Itabira de Drummond, Yasnaya Polyana de Tolstói ou o engenho de Massangana para Joaquim Nabuco, fundamental para sua conversão ao abolicionismo. Uma casa transitória típica de locação poderia sedimentar tanta carga histórica para seus moradores? Vivemos num período de fragmentação social que gera consequências e efeitos sobre as pessoas. A residência amparada na propriedade e não apenas na posse talvez tenha ajudado, no passado, a dar uma sensação maior de pertencimento aos seus moradores no nosso mundo hostil, hobbesianamente hostil.

O deslocamento da riqueza da propriedade para a posse foi compreendido do ponto de vista econômico por Keynes, que depois de analisar em profundidade as decisões de investir dos proprietários de negócios privados ainda inseridos num modelo econômico antigo sintetizou as grandes mudanças nestes termos:

> Com a separação entre propriedade e administração que prevalece atualmente e com o desenvolvimento de mercados financeiros organizados,

> surgiu um novo fator de grande importância que, às vezes, facilita o investimento, mas que às vezes, contribui sobremaneira para agravar a instabilidade do sistema. Na ausência de bolsas de valores não há motivo para se procurar, com frequência, reavaliar os investimentos que fazemos. Mas as bolsas de valores reavaliam todos os dias os investimentos e estas reavaliações proporcionam a oportunidade frequente a cada indivíduo (embora isso não ocorra para a comunidade como um todo) de rever suas aplicações. [E depois finaliza:] Assim, os investimentos que são "fixos" para a comunidade tornam-se "líquidos" para o indivíduo. [32]

Outra chave para o entendimento desse processo pelo ponto de vista humano nos foi dada por Zygmunt Bauman quando definiu como "modernidade líquida" o período após a Segunda Guerra Mundial que se opôs à modernidade sólida que dominou o mundo antes. Esse longo período anterior era caracterizado pela solidez e rigidez das relações sociais. Na área do pensamento, a busca da verdade era um dos objetivos centrais de seus pensadores. Relações sociais e familiares eram mais duradoras e sólidas. Em oposição a isso, especialmente a partir da década de 1960, houve uma sobreposição das relações econômicas às relações sociais, enfraquecendo ou no mínimo modificando o vínculo entre pessoas e instituições.[33]

O emprego tornou-se um empreendimento individual, com cada indivíduo sendo responsável pelo seu sucesso ou fracasso e com o afastamento dos vínculos sindicais que predominaram na organização econômica durante décadas. Nas relações humanas, Bauman insiste que tanto no amor como nas amizades existem agora conexões que podem ser desfeitas a qualquer momento. Surge o amor líquido, no qual o objetivo central não é mais uma companhia afetiva e amorosa como a que predominava na estrutura anterior, mas antes uma busca do prazer sem maior preocupação com o outro enquanto pessoa. Para ele, as redes sociais e a internet teriam intensificado esse processo pelo qual uma das medidas da importância das pessoas é a quantidade de seguidores que elas detêm mesmo que sejam contatos apenas virtuais.

O consumo não obedece mais ao fetichismo marxista, aproximando-se muito mais da visão de Braudillard descrita no seu livro *A sociedade de consumo*, na qual, além das compras, o indivíduo igualmente consome a si mesmo. É como se cada consumidor compulsivo estivesse de acordo com Oscar Wilde quando afirmou "dê-me o supérfluo, pois o necessário qualquer um pode ter".[34; 35; 36]

Assim, instala-se um paradoxo. A maior parte das coisas que nos cercam podem ser utilizadas por quem não é dono e não tem desejo de sê-lo. Vivemos cada vez mais num ciberespaço. Nele é que repousam os contratos que assinamos usando modernos instrumentos de digitalização. É nele que vamos ler as notícias dos outros e colocar as nossas. É nele que você vai escrever um livro, compartilhar um pensamento, acessar seus dados bancários. Ciberespaço é o enorme universo onde todos estão conectados, mas ninguém controla ninguém. Não há sinalização no ciberespaço. Não existem tribunais nem policiais nele. Entretanto a maior parte das demandas e desejos do mundo on-line só se realizam no mundo off-line, que continua a existir sendo o mundo real. Quanto mais o tempo passa, a percepção dessa dualidade fica menos clara para os usuários da rede, permanentemente on-line. Entretanto nesse ambiente predominantemente líquido os homens precisam retornar com frequência ao mundo sólido para sentir amparo e conexão com a realidade.

O pingue-pongue da atenção

Mensagens, posts, tuítes, *streaming* de vídeo, séries, games compõem a diversidade de conteúdos digitais que ocupam a atenção de todos nós e dos jovens pelo trio: celular, computador, tablet. O mundo atual é visual, a palavra escrita virou quase um registro acessório. Ainda que muita gente afirme que sim, não existem provas cientificas contundentes de que o uso contínuo das redes gere graves distúrbios de atenção, mas não há dúvida de que cobram um pedágio dos usuários exagerados.

Na China, altamente conectada, a tecnologia é apelidada de heroína eletrônica, entendida em casos extremos como um problema de saúde pública. Há certo consenso de que esse uso intenso das redes produz algum tipo de déficit de atenção e hiperatividade (TDAH), ou seja, gera operações mentais similares à de uma pessoa que tem déficit de atenção. Estudo da Universidade do Sul da Califórnia conduzido pelo dr. Adam Leventhal constatou nas crianças um novo padrão de atenção infantil porque os estímulos e gratificações são diferentes em função da liberação constante de dopamina, neurotransmissor associado à recompensa e ao prazer que é fortemente produzida nos jogos eletrônicos populares nas redes sociais.

É patente que quanto maior é a migração do mundo off-line para o on-line maiores dificuldades surgem no contato humano tradicional. Pesquisa realizada pelo MIT, por Sherry Turkle, concluiu que 44% dos adolescentes nunca desplugam mesmo durante as refeições com a família e amigos ou quando praticam esportes. Para os frequentadores de academia de ginástica, isso é visível em parte dos clientes. Fico impressionado como algumas pessoas conseguem alternar exercícios com os *smartphones* e às vezes fazendo a descortesia de deixar um personal (palavra horrível, mas é a conhecida) parado enquanto elas falam com alguém.[37]

Nessa mesma pesquisa, ficou comprovado que quando duas pessoas estão conversando a mera presença de um *smartphone* sobre a mesa entre elas cria uma dinâmica nova, alterando o fluir da conversa e o grau de intimidade e conexão. Em ambientes de negócios, muitas vezes os celulares são proibidos numa reunião importante e ficam guardados numa outra sala à espera do término da reunião, evitando que o teor da reunião seja gravado. O celular se transformou numa potente máquina de filmagem responsável por denúncias e matérias jornalísticas no mundo todo. Grande parte dos escândalos políticos e financeiros, assim como ocorre na área criminal (furtos homicídios e outros), são comprovados por gravações ou troca de mensagens eletrônicas. Com todas essas múltiplas funções, é natural que sua presença iniba e altere um pouco a relação entre os humanos.

Em outra pesquisa recente, objeto de livro de grande sucesso popular, Michel Desmurget,[38] diretor do Instituto Nacional de Saúde da França, apresenta dados concretos demonstrando que os dispositivos digitais estão afetando o desenvolvimento neural das crianças e adolescentes. Os jovens de hoje seriam a primeira geração da história com QI (quociente de inteligência) mais baixo do que seus pais, quebrando uma tradição de que o índice sempre aumentava de geração em geração num fenômeno denominado de "efeito Flynn" em homenagem ao psicólogo americano que o observou. O nível de inteligência medido pelos testes tem diminuído nos países mais desenvolvidos. Uma das razões mais sólidas parece ser o empobrecimento da linguagem. Diversos estudos mostram que a diminuição do conhecimento lexical tem efeito sobre isso. Não é apenas a redução do vocabulário que é utilizado, mas também as sutilezas linguísticas que permitem elaborar e formular pensamentos complexos. O desaparecimento de vários tempos verbais, como o subjuntivo, o imperfeito, formas compostas de futuro e o particípio passado transformaram o presente quase que no tempo verbal básico impedindo elaboração e formulação de pensamentos complexos.

Constatou-se que o número de horas gasto em frente das telas de forma recreativa atrasa a maturação do cérebro em relação à linguagem e à atenção. Desmurget acredita que é mais fácil para as crianças e adolescentes reduzirem a dedicação diária às redes se elas forem informadas dos malefícios que essa superexposição pode causar. Sustenta que, no mínimo, os primeiros seis anos de vida de uma criança devem ser de preferência sem telas, e depois com uma mistura de atividades na rede e fora delas. Na China, as autoridades tomaram medidas radicais para controlar o consumo de videogames. Em Taiwan e na Ásia em geral, foram tomadas medidas semelhantes; entretanto ele reconhece que esse tipo de controle não faz sentido nas democracias ocidentais, mas que escolhas educacionais podem e devem ser feitas para benefício dos próprios filhos.

A política alterou-se profundamente, sobrecarregando os responsáveis pelo processo decisório, e impôs às lideranças uma necessidade de agir e reagir num ciclo de 24 horas sobre 24, o que tem gerado frequentemente respostas e reações complicadas para eles. No "velho mundo" o líder político tinha tempo de estudar uma questão, de conversar com seus assessores, de manter certo distanciamento da velocidade dos fatos, o que lhe permitia ponderar suas respostas. O general De Gaulle, por exemplo, organizava suas famosas entrevistas coletivas nos mínimos detalhes. Resolvia com seus assessores como os jornalistas se sentariam na grande sala de imprensa e, muitas vezes, escolhia previamente as perguntas e os jornalistas que iriam formulá-las. É claro que isso era construído sem deixar traços, e a entrevista surgia aos olhos de todos como natural. Getúlio Vargas, no dia 1º de maio, feriado do Dia do Trabalho, discursava anualmente no campo do Vasco da Gama, no Rio de Janeiro, que na ocasião era a capital do país, lendo pausadamente com seu sotaque gaúcho um longo discurso que depois era distribuído aos jornalistas de todo o Brasil. Essa cerimônia se repetiu várias vezes, e ele era extremamente popular. Esse mundo não existe mais há muito tempo. O processo político se dá em tempo real e exige de seus protagonistas capacidade de comunicação e adaptação. O jornalismo televisivo, em tempo quase real, já tornara obsoleta a versão impressa dos jornais no outro dia. Agora, além da televisão, as redes sociais tornam a política um exercício quase em tempo real.

Ficou famoso o primeiro debate televisivo entre Nixon e Kennedy na campanha presidencial de 1960. De acordo com todas as pesquisas eleitorais da época, Nixon estava na frente, mas após o primeiro debate transmitido por rádio e televisão para mais de 80 milhões de americanos a situação inverteu-se. Isso se deu não pelo conteúdo da participação de cada um propriamente, tanto que para a maioria dos que ouviram o debate pelo rádio Nixon teria se saído melhor, mas para a maioria dos que o tinham assistido pela televisão Kennedy havia vencido o debate. A TV já estava presente em grande parte dos lares americanos, mas não tinha nunca sido explorada por um político, nem tinha sido usada numa eleição presidencial. Kennedy estudou e ensaiou com sua equipe. Preparou o que diria repetidamente, para onde deveria olhar na direção das câmeras, como deveria sorrir e se movimentar. Foi escolhido um terno impecável para compor com o cenário, e a cada intervalo sua maquiagem e penteado eram examinados. Nixon, ao contrário, não deu maior importância ao debate. Teve um dia corrido normal de campanha até poucas horas antes dele, recusou maquiagem e apareceu suado para a audiência, vestindo um terno que confundia-se com o fundo do estúdio e pareceu confuso respondendo porque não sabia bem onde estavam as câmeras. Esse é um exemplo clássico de como as mudanças tecnológicas alteram a forma de apreensão da realidade pelas pessoas. A atividade política tomou novos formatos, os debates televisivos ficaram rotineiros e, no momento atual, as mídias sociais têm tanta força quanto os meios de comunicação tradicionais.[39]

Vivemos num mundo em que 30 bilhões de mensagens são enviadas todos os dias pelo WhatsApp, onde o mais importante é a partilha *peer-to-peer* (ponto a ponto) e o conteúdo gerado pelo usuário. É um mundo do agora. Os jovens passam um número enorme de horas colados nas telas de qualquer um desses suportes do trio celular-computador-tablet. O fenômeno não se restringe aos jovens, mas envolve a população como um todo. É engraçado entrar no metrô e ver as pessoas curvadas, como se olhassem para o chão, quando na verdade têm olhos rútilos para seus *smartphones*. Você pode olhar em qualquer vagão de metrô e constatar como uma parcela expressiva, majoritária, fica entretida, inebriada com aquela telinha à sua frente. Nos aviões não é diferente. Acho quase cômico ver que mal o avião aterrissa, a maioria liga seu celular como se alguma coisa fundamental, importantíssima tivesse acontecido ou estivesse por acontecer numa viagem que muitas vezes durou menos de 50 minutos. As pessoas parecem não poder mais conviver com os próprios pensamentos, necessitam deslocar sua atenção para esse aparelho inebriante, essa televisão portátil. Recordo-me da primeira vez em que observei um cidadão entretido com seu celular durante horas num voo doméstico. Imaginei que estivesse lendo algo que lhe trouxesse enorme interesse. Ledo engano. Ele, de idade já avançada, dedicava toda a sua atenção a um simples joguinho infantil...

Descrevo essas cenas não para desqualificar os milhões de usuários de todo o mundo que passam parte expressiva de seus dias dedicados a essa nova forma de convivência consigo mesmos e com o mundo, até porque incluo-me nessa legião. Seria estúpido e perda de tempo. Talvez grande parte desse poder de persuasão seja, na verdade, uma nova forma de convivência. A maneira como o homem passou a conviver com sua solidão oceânica. Ela viabilizou essa relação do homem com a máquina mais dócil, previsível e obediente do que outro ser humano. A dependência do homem contemporâneo para com a rede aumentou em progressão geométrica. A capacidade de atenção prossegue aritmética. É quase um paradoxo, mas a maior parte das horas e horas que as pessoas gastam olhando seus iphones e navegando por seus aplicativos é quase sempre mais mecânica do que mental. Digita-se muito; pensa-se pouco. Nunca estivemos tão conectados e, por outro lado, talvez em nenhuma outra época as pessoas tenham se sentido tão sozinhas.

O homem contemporâneo, especialmente o das grandes cidades, é resultado de um longo processo de alienação e isolamento. É como se fôssemos variações de Robson Crusoé, tivéssemos naufragado em oceanos exóticos e atualmente vivêssemos em ilhas perdidas. Todos tendo de criar um sistema próprio de sobrevivência, reinventando um modo capitalista de sobreviver na nossa selva/cidade. Mesmo morando em apartamentos protegidos com segurança 24 horas, controle televisivo, secretárias eletrônicas filtrando telefonemas antes de atendê-los, os homens sentem-se ameaçados. Será por eles mesmos ou por seus próprios fantasmas? Penso em Rilke, quando dizia que temia abandonar seus demônios ao preço que seus anjos também o largassem

Nessa ilha deserta cibernética em que se transformou o mundo, o iphone é um grande companheiro. Um Sexta-Feira não humano que reduz a solidão dos Robsons Crusoés das cidades. Todos têm companhia. Podem conversar com quem quiserem sem sair de casa. Podem enviar fotos com seus rostos em tempo real. Recebem retorno igual e sentem-se acompanhados. Tem amigos no Facebook. Publicam fotos e pensamentos curtos no Instagram. Recebem, no dia do seu aniversário, mais votos de parabéns do que recebiam quando não tinham acesso às redes sociais. Isso é carinhoso de qualquer forma e traz conforto. Eu mesmo desfruto disso. O grande paradoxo é que, por maior que seja a conectividade, nunca as pessoas viveram e se sentiram tão solitárias. Parte dos problemas graves em nível individual e coletivo que ocorrem no mundo atual deriva desse mal-estar que não é mais aquele que Freud descreveu, mas um novo, digital. A pandemia criou um imperativo categórico intransponível – a necessidade do isolamento como uma proteção obrigatória para a não contaminação pela doença –, exacerbando a dependência absoluta do homem moderno para com a rede. Para ver seus parentes, para conversar com seus amigos, para pedir comida *delivery* ou remédios nas farmácias, para pagar contas e fazer transferências, tudo está sendo feito pelo digital. Resta saber como os seres humanos reagirão ao final desse isolamento na convivência futura com o *outro*, com seus dentes, nervos e ideias próprias ao vivo, com sua fascinante e complexa alteridade pessoal, essencial para o amor e para a amizade. É preciso também reconhecer, por uma questão de justiça, que sem a rede, sem as telas a quarentena teria sido pior ainda. As redes prestaram um serviço social e terapêutico inigualável, permitindo inclusive que os serviços de psicanálise e terapia pudessem se realizar on-line. Esta é a grande amplitude da questão: a extensão da revolução digital é tão espantosa que não cabe nenhuma simplificação maniqueísta.

Zygmunt Bauman, numa de suas raras vindas ao Brasil em 2015, assim se expressou:

> A educação é vítima da modernidade líquida que é um conceito meu. O pensamento está sendo influenciado pela tecnologia. Há uma crise de atenção, por exemplo. Concentrar-se e se dedicar por um longo tempo é uma questão muito importante. Somos cada vez menos capazes de fazer isso de forma correta. [E prosseguiu:] Não há como contestar que a internet nos trouxe grandes vantagens. A facilidade de acesso à informação, a facilidade com que podemos ignorar as distâncias... Lembro-me que, quando era jovem, passava muito tempo na biblioteca tentando ler cem livros para encontrar um pedacinho de informação de que precisava. Agora, basta pedir para o Google. Em décimos de segundo ele dá milhares de respostas. Um problema foi eliminado: nós não precisamos passar horas na biblioteca. Mas há um novo problema. Como vou compreender esses milhares de respostas?[40]

Não há mais sociedade no presente ou no futuro sem a tecnologia digital. Assim, se você não pode vencê-la, una-se a ela. Veja como pode contrabalançar o excesso de maneira que sua atenção e capacidade de pesquisa sejam preservadas. Mantenha foco no que lhe é importante; essencial. Tente não abandonar a leitura totalmente. Para além do Google, estude depois o que lhe interessa. Proteja-se do ruído permanente de informações e notícias fluindo incessantemente. Nesse período de tanta distração, tente se manter atento. Nesse mundo predominantemente on-line, encontre tempo para seu silêncio interior. Isso vai lhe fazer muito bem.

O usuário como mercadoria

A questão do valor das coisas sempre intrigou os economistas e foi motivo de amplo debate entre eles. O que faz com que uma coisa valha mais do que outra? Algumas situações são simples e não necessitam de grande indagação. Por exemplo: frutas que integram espontaneamente a natureza e estão ao alcance das mãos humanas são naturalmente mais baratas que outras coisas que demandam trabalho, como extrair diamantes de rochas ou ouro das margens dos rios, que por isso são muito mais caros. Desde John Locke, a questão é discutida tendo ele afirmado que "o valor natural de qualquer coisa consiste em sua capacidade de prover as necessidades ou de servir às necessidades da vida humana".[41]

Entretanto, quem fará o grande avanço nesse tema como em tantos outros será o velho e sempre atual Karl Marx em seu ensaio *A mercadoria: os fundamentos da produção*. Para ele, a riqueza das sociedades se faz pela imensa acumulação de mercadorias. Essas, por sua vez, têm por fim satisfazer as necessidades humanas sejam quais forem. As mercadorias podem ser consideradas em um duplo aspecto: pelo seu valor de uso ou por seu valor de troca. O valor de uso só se realiza pelo consumo, enquanto o valor de troca se realiza na sua relação quantitativa quando as mercadorias são trocadas entre si. As mercadorias como valor de uso são de qualidade diferente; como valor de troca podem diferir apenas nas suas quantidades, mas não acrescentando nada em termos de valor de uso. O valor de troca é a forma pela qual coisas distintas podem ser trocadas entre si tendo um denominador comum. É claro que o valor de troca por excelência é a moeda, desde sua primeira modalidade de gado, *vacum*, passando para as moedas metálicas, depois papel-moeda e agora aos meios digitais de pagamento e mesmo as criptomoedas.[42]

Marx concluiu que as mercadorias valiam a força de trabalho humano gasta na sua produção ou extração, como no exemplo acima – frutas *versus* metais preciosos. As coisas não tinham, como não têm, valor intrínseco, mas antes a quantidade de trabalho que nelas se armazenou, e isso irá ditar seu valor. O que representa um denominador comum é o tempo de trabalho socialmente necessário para produzir-se o valor de uso de todas as coisas nas condições de produção socialmente existentes com um grau médio de destreza e intensidade de trabalho.

O que isso importa para o objeto do presente ensaio? Importa porque demonstra e denuncia que estamos todos os usuários das redes sociais com nosso trabalho, ainda que muitas vezes sem consciência disso, produzindo valor de uso que é consumido pelos demais membros das redes, mas que se converte em valor de troca apenas para os donos das gigantes digitais. O Facebook, por exemplo, tem quase 30% da população mundial conectada a ele, o que representa 2,6 bilhões de pessoas semelhantes a todos nós que também postam e produzem conteúdo gratuito em todos os continentes para ele. Sem nos darmos conta, estamos gerando valor de troca para essa indústria do imaginário mundial. Os usuários entram com mão de obra gratuita e matéria-prima também gratuita produzindo mercadorias instantâneas, muitas vezes diárias, que poderão ser monetizadas pelos donos dos meios da produção digital. É claro que a rede tem ajudado a vender e divulgar o trabalho de muitos profissionais, mas a maior parte da geração de valor de troca é totalmente gratuita.

Vivemos numa economia da atenção ou capitalismo da vigilância. O Facebook ou o Twitter não gastam nada para comprar o conteúdo que produzimos. Os usuários fazem toda a cadeia de produção. Digitam textos, fotografam, fazem o papel de locutores, atores, escritores, tudo enfim. Entregam a mercadoria pronta para comercialização sem custo algum. Todos se sentem clientes de um serviço que lhes parece ser gratuito, mas por fim o próprio usuário é a mercadoria a ser vendida aos anunciantes. O monopólio em escala mundial cria a fidelização do usuário, que não tem plano alternativo para a rede consolidada de amigos e seguidores com a mesma qualidade mundial de reprodução de imagem e de texto, e assim continua a produzir conteúdo/mercadorias que serão novamente comercializadas, mantendo a roda da fortuna girando.

Na segunda metade dos anos 1990, a internet foi uma revolução tecnológica que permitiu a divulgação do conhecimento e introduziu inúmeros benefícios para seus usuários. Numa primeira fase, foi gerida por seres humanos. Os dados dos usuários eram usados apenas para aperfeiçoar as plataformas. Em 1996, Sergey Brian e Larry Page, cofundadores do Google, escreveram um novo código para exibir as páginas da rede mais relevantes de determinada pesquisa e passaram a usar os dados capturados dos seus usuários para impulsionar seus anúncios on-line. Sites de menor importância iam para o fim da lista. Os mais procurados, ficavam no começo. Essa tecnologia deu origem ao maior buscador da internet. Com essa estratégia, o Google passou a ser a segunda empresa mais lucrativa do mundo. Com o sucesso, outras empresas adotaram os algoritmos nas suas plataformas.

A crise financeira das empresas do Vale do Silício nos anos 2000 terminou por jogar as demais empresas no mesmo processo. Foi quando o Facebook aderiu aos algoritmos. O robô memoriza e aprende as características do usuário e depois lhe vende serviços. Nossos dados são comercializados como qualquer outra mercadoria sem nosso controle e conhecimento. A revolução digital é irreversível e não podemos imaginar a atividade econômica sem ela, mas não estamos, entretanto, obrigados a aceitar esse grau de vigilância sobre nossa privacidade que as redes hoje exercem sobre nós. As empresas de tecnologia sustentam que a vida digital é impossível sem os algoritmos, mas isso não é verdade porque as redes já funcionaram bem sem eles. Nós éramos felizes e não sabíamos.

Na lista das maiores empresas de tecnologia, as três primeiras – Apple, Amazon e Microsoft – vendem produtos, coisas físicas para seus compradores. O Google/Alphabet e o Facebook não, eles vendem conteúdo, ou seja, se encaixam integralmente na descrição acima. Todos têm como receita principal a publicidade paga pelos anunciantes. Vamos examinar um pouco cada uma dessas empresas. Vamos por partes. No Facebook, por exemplo, quando se acessa a página para cadastramento depois de uma faixa azul onde temos de indicar nosso e-mail e senha, lê-se: "Sign Up" ("Cadastre-se") e logo abaixo a informação/advertência: "It's free and always will be" ("É grátis e sempre será"). O faturamento anual do Facebook supera o produto interno bruto (PIB) de mais de 40 países segundo o Fundo Monetário Internacional (FMI) sendo mais de 90% oriundos de publicidade já concebida para funcionar nos telefones celulares. O grupo é dono também do Twitter e do YouTube, ambos ligados igualmente à publicidade. A maioria das pessoas não consegue imaginar como o Twitter sobrevive. Toda vez que o próprio Google, Yahoo, Bing ou qualquer outra empresa quer usar dados ou o teor dos tuítes paga por isso, o que gera grande receita. É inacreditável pensar que uma plataforma como ele, limitada a 280 caracteres, uma espécie de SMS da internet, tenha conseguido crescer com essa limitação quantitativa, o que demonstra a capacidade inimaginável de geração de valor que as redes sociais possuem.

Passemos ao gigante Alphabet/Google, resultado de uma rearrumação empresarial na qual o Alphabet é a *holding* que controla o conjunto de empresas e o Google segue sendo a mais importante e lucrativa. Como o Google ganha seu imenso faturamento se seu serviço principal, o de buscas, é grátis? Respondemos. Ele consegue a maior parte da receita com a venda de espaço de propaganda em suas páginas de busca que todos nós usamos. O Google é tão poderoso que virou verbo e expressão idiomática. Em inglês já há um verbo: Google it! A moça quer saber como é o rapaz com quem acabou de se encontrar, mas de quem ela não sabe nada?[43] A amiga responde simplesmente: Guga ele! Como um novo oráculo, o Google tem resposta para tudo. Recordo-me quando minha irmã Rosário, num determinado momento, começou a jogar o I Ching nos anos 1970 auxiliada por uma amiga esotérica que lhe ensinou os primeiros passos. Costumava brincar com ela que estava jogando tanto o I Ching que em breve jogaria o I Ching para saber se devia jogar o I Ching. Ironicamente, percebo-me hoje repetindo quase a mesma coisa com o Google.

Os anunciantes fazem propostas para ter seus produtos ou serviços mostrados nas páginas de resultado de consultas ou buscas relevantes. O Google utiliza critérios de leilão para a escolha das propostas. Os autores delas não sabem como são e quais são as propostas concorrentes. Quando todas chegam, ganha o anunciante que fez a melhor proposta, mas o Google costuma, na prática, na verdade, cobrar dele o preço da segunda melhor proposta. A empresa também pondera a importância e relevância da página de destino do anúncio, optando pela melhor especificação possível. Como se trata de uma publicidade contextual, que aparece num espaço no qual as pessoas interessadas já estão buscando esse item específico, a página é extremamente demandada e por isso mais cara. Um recurso pago chamado Adwords coloca a empresa ou o produto em posição de relevância, ou seja, aparece em primeiro lugar ou entre os primeiros anúncios daquela página com muito mais chances de um usuário o encontrar, e isso custa dinheiro. O Google também desenvolveu seu e-mail, o Gmail, que é uma das preferências mundiais, transformou o Google Maps no mapeamento digital por excelência, comprou o YouTube e lançou o Android como sistema operacional de celulares, competindo com o sistema Apple. O YouTube é uma plataforma de compartilhamento de vídeos que deu prejuízo durante os anos iniciais, mas que agora firmou-se economicamente. Remunera os youtubers de acordo com sua popularidade e não pela relevância do conteúdo. Passou a ser usado pelos políticos em campanha, influenciando o jogo político também.

Relembro a grande Cacilda Becker quando afirmou: "Não me peçam para dar de graça a única coisa que tenho para vender." Referia-se aos seus direitos autorais. Com a pandemia, vários artistas impedidos de se apresentarem em público, afastados das casas de espetáculos, têm reagido fazendo lives para seu público e mesmo como um exercício para si mesmos. Algumas lives são emocionantes, pois compensam a precariedade de meios com a tenacidade e a emoção concentrada que esse momento doloroso produz. De qualquer forma, não devemos esquecer novamente que o maior beneficiário econômico delas não será o artista, mas sim o empresário digital, sentado confortavelmente em sua sala, distante do esforço de produção, que poderá comercializá-la. Por esta razão, o YouTube vem crescendo tanto: porque há nele uma contrapartida financeira ao artista a partir de um número determinado de visualizações.

Não se pode demonizar as redes simplesmente porque isso seria uma injustiça. Elas têm tido um papel relevante no mundo artístico permitindo que surjam artistas que o *mainstream* midiático antes impedia que aparecessem e que ficavam assim bloqueados. Vários militantes dos movimentos contra o preconceito racial e LGBTQIAP+ aumentaram suas áreas de atuação usando as redes sociais. Utilizam as redes para seus debates, para marcar e convidar para os eventos. Isso não é pouco. Vários *pocket-shows* de grande qualidade artística têm surgido de produções caseiras. Na cena musical, novos talentos surgiram em função e por causa exclusivamente das redes.

Reitera-se o objetivo inicial deste ensaio. Não se pretende chegar a um lugar específico, nem lutar por ideias preconcebidas. O que se pretende, simplesmente, é tornar as coisas claras e precisas para que cada usuário saiba o que está em jogo e faça sua opção pessoal. Não impomos; expomos. Saber que você como usuário é também mercadoria talvez lhe seja útil ao usar as redes sociais e lhe traga mais parcimônia e consciência em relação a esse seu uso. O leitor talvez não soubesse que quando produz com enorme carinho um vídeo com seu trabalho e o coloca na rede também está ajudando Mark Zuckerberg a ganhar mais uns trocados. Agora sabe.

A proteção ao cidadão

A força política das *fake news*

Um dos aspectos mais inquietantes e contraditórios da revolução digital é que, se por um lado nunca se teve tanta informação gratuita e disponível para a população em geral, ao menos para a conectada, de outro nunca se produziu tanta mentira e informação distorcida na forma de *fake news* nessa mesma rede. É como se o remédio se convertesse, ao mesmo tempo, em veneno. Temos muita informação, mas parte dela sem confiabilidade. Um tipo de informação que não gera conhecimento se ampliou e popularizou com graves consequências: as *fake news*.

O conhecimento ao longo dos séculos foi privilégio de uma elite em torno da qual, como num campo gravitacional, o poder sempre se consolidou. Um exemplo dessa força de atração foi a Biblioteca de Alexandria, então capital do Egito e centro comercial do Mediterrâneo. A cidade tinha um luxuoso espaço conhecido como Museu, onde grande parte da herança cultural grega, latina, babilônica, egípcia e judaica foi reunida com enorme custo e cuidado. Os reis ptolomaicos que governaram Alexandria a partir de 300 a.C. tiveram a ideia de incentivar a ida de eruditos, cientistas e poetas para a cidade, oferecendo-lhes empregos vitalícios com salários elevados, comida, alojamentos e uso livre, tipo vip, da biblioteca, a mais ampla e famosa da Antiguidade.

Como consequência dessa biblioteca, o mundo experimentou grandes descobertas durante muitos anos. Euclides desenvolveu sua geometria na Alexandria, Galeno revolucionou a medicina, Arquimedes inovou na matemática e um grupo de geógrafos concluiu ser possível chegar à Índia navegando a partir da Espanha na direção oeste. Infelizmente, parte do gigantesco acervo composto de papiros enrolados que estavam próximos do porto foi queimada em 48 a.C., quando Júlio

Cesar lutava para manter o controle da cidade e, ao mesmo tempo, cortejava Cleópatra. Depois de séculos de politeísmo, quando o cristianismo se tornou a religião oficial de Roma com Teodósio, o Grande, foi promulgado um édito autorizando a destruição de qualquer local de culto não cristão, e assim foi ordenada a destruição do Serapeu, a biblioteca filha da grande biblioteca de Alexandria, finalizando assim o trabalho de destruição da memória do paganismo.

A Idade Média iria radicalizar esse processo de controle do conhecimento mantendo o acesso aos livros restrito aos mosteiros. Todos os que não pertenciam a um mosteiro eram proibidos de entrar na biblioteca. São Bento criou regras tão rígidas e duras que praticamente impediam o prazer individual da leitura. Era permitido, em algumas horas do dia, um período de "leitura espiritual", que o monge podia fazer em silêncio e sozinho. A regra beneditina em grande parte da Idade Média era leitura em voz alta. Durante as refeições, um dos monges tinha a tarefa de ler em voz alta, e essa leitura obedecia a um roteiro preciso. Bento, pressentindo que esse instante de extroversão coletiva poderia gerar algum sentimento de orgulho e amor-próprio, obrigou que o monge-leitor pedisse sempre previamente aos seus companheiros que rezassem por ele de forma "que Deus afastasse dele o espírito de exaltação". Não satisfeito, estipulou: "Faça-se o máximo silêncio, de modo que não se ouça nenhum cochicho ou voz, a não ser a do que está lendo." E, por último, impediu que essa leitura pudesse criar discussões ou debates: "Nem ouse alguém fazer alguma pergunta sobre a leitura, ou outro assunto qualquer, para que não se dê ocasião." Nada mais distante do espírito de liberdade dos gregos, que permitiam que grandes discussões filosóficas se fizessem ao ar livre com as pessoas andando, numa espécie percussora do que seria o futuro *cooper*.[44]

A maioria dos livros eram rolos de couro de animais, uma vez que os leves e maleáveis papiros não eram mais disponíveis e que o papel como o conhecemos só seria de uso mais comum no século XIV. Um bom pergaminho era valioso demais para ser descartado. Os monges que escreviam bem e tinham boa caligrafia eram valorizados e tinham uma jornada chata, mas segura e com menos horas. Trabalhavam à luz do dia no *scriptorium*, evitando-se trabalhar à noite pelo risco de a chama das velas produzirem acidentes que destruíssem os originais.

Numa fase inicial, os copistas repetiam textos clássicos gregos e latinos. O escriba medieval tinha uma subordinação quase absoluta ao texto, num processo de apagamento da individualidade. Trabalhavam com uma espécie de régua que delimitava a linha ou linhas a serem copiadas. Os monges não podiam mudar erros que encontrassem nos textos que estivessem copiando; podiam corrigir apenas os próprios erros. Para isso, raspavam a tinta nesse ponto com uma lâmina afiada e consertavam usando uma mistura de leite, queijo e cal, numa fórmula percussora do nosso corretivo encontrável hoje em qualquer papelaria.

Posteriormente, como se foi produzindo uma vasta e nova literatura cristã, esses textos deixaram de ser copiados. O próximo passo foi o ataque direto às ideias pagãs com essas mesmas lâminas afiadas fazendo com que textos de Virgílio, Ovídio, Cícero, Sêneca e Lucrécio fossem sendo apagados. Os pergaminhos eram reutilizados para receber essa nova produção intelectual. Assim foram construídos os palimpsestos, que em grego querem dizer "raspados novamente". Vários originais da Antiguidade desapareceram por completo, outros puderam ser recuperados parcialmente. Uma cópia do livro de Sêneca sobre a amizade foi encontrada escondida, eclipsada numa versão do Antigo Testamento feita no século VI, ou seja, novos textos se sobrepondo aos antigos, tendo como objetivo tentar soterrar o que fora criado anteriormente. Um exemplo de como as novas estruturas sociais têm sempre a tentação de apagar os vestígios das anteriores especialmente quando, por sua grandeza, as incomodam.

Esse período medieval foi muito bem captado por Umberto Eco no seu *Em nome da rosa*, que resultou num ótimo filme, o que é raro. Bons romances não resultam necessariamente em bons filmes. Alguns são impossíveis de serem transpostos para o cinema, como *Ulysses*, de James Joyce, ou *Em busca do tempo perdido*, de Proust. Por essa razão, um grande diretor, como Hitchcock, preferia trabalhar com "b books" que lhe davam maior liberdade de adaptação cênica e o deixavam livre do jugo de um texto famoso e consolidado.[45]

Os tipos móveis de Gutenberg foram fundamentais. O livro manuscrito era um ofício caligráfico individual, minucioso, obsessivo, que produzia exemplares únicos que para serem consultados necessitavam de autorização. A invenção da tipografia transformou a quantidade e circulação de informação pela aceleração da produção dos livros. O conhecimento até então estava literalmente enclausurado. A baixa Idade Média já emitia sinais de mudança com inovações como a descoberta da pólvora, o relógio mecânico e a navegação à vela, que possibilitariam as grandes navegações. A Itália experimentava o Renascimento. A imprensa veio a ser a força transformadora definitiva de todo esse processo.

Gutenberg era xilogravador e ourives de profissão. Por volta de 1450, inventa os tipos móveis para a impressão e encontra os pigmentos adequados para produzir uma tinta compatível com sua invenção. Imprime os panfletos de Martinho Lutero, que fazem o maior sucesso. Depois, dedica-se a imprimir a Bíblia que publica em 1455, conhecida como B-42 (cada página tinha 42 linhas), que se transforma no marco da fundação da imprensa no Ocidente. Escrita em alemão, que na época era considerada língua vulgar por não ser clássica como o latim, mas que teve nessa escolha uma das razões de seu enorme sucesso uma vez que nem toda a população letrada da época ainda lia em latim com facilidade. Os tipos móveis e essa nova religião – o protestantismo – foram essenciais para o surgimento da imprensa livre, para o avanço da ciência experimental e mesmo para a formação dos Estados nacionais.

A civilização sempre presenciou perpétua articulação entre poder e saber. A geografia desenvolveu-se em consonância com o poderio militar. Os viajantes do século XVII ou os geógrafos do século XIX, além de mapearem o mundo conhecido, eram agentes de informações para as autoridades públicas. Napoleão Bonaparte, antes de qualquer campanha, investia muito enviando cartógrafos aos territórios que pretendia invadir para ter o maior número de informações sobre onde iriam se desenrolar os acontecimentos, e essa preparação detalhada certamente explica parte do seu gigantesco sucesso militar. Assim, de forma premonitória, disse que "geografia é destino".

Fixado esse ponto, vamos saltar direto para nosso mundo digital. Em primeiro lugar, devemos deixar claro que mesmo as manifestações mais estúpidas, como "meninas usam rosa e meninos usam azul", não devem ser censuradas ou excluídas porque espelham, antes de tudo, uma opinião pessoal, ainda que estúpida e risível, mas não criam consequências mais graves além da desconsideração intelectual de quem as emana. Da mesma forma, o mais alto funcionário da diplomacia nacional dizer que "comunismo e fascismo são a mesma coisa e nasceram juntos" é uma heresia – porque desconhece uma informação primária, que é o fato de que o fascismo prosperou exatamente porque foi entendido como uma força política capaz de bloquear a expansão do comunismo –, mas também se situa no amplo espectro do direito de opinião amparado pela liberdade de expressão assegurado em todas as Constituições modernas e que permite também dizer idiotices. Como o mesmo Umberto Eco afirmou numa frase famosa: "O drama da internet é que ela promoveu o idiota da aldeia a portador da verdade."[46]

Em nossa visão, o que deve ser impedido e punido é a manipulação dos meios de comunicação de massa com informações falsas a serviço de uma causa política escusa. *Fake news* são definidas pelo uso de difusão massiva de mensagens falsas transferidas com chips internacionais e listas de números telefônicos obtidos de forma indefensável. As *fake news* caracterizam-se por falsear sua origem. Não permitem encontrar seu autor. Tornam impossível ter como e com quem reclamar de seu conteúdo. São resultado das tecnologias digitais da internet como big data, algoritmos que conduzem o fluxo de conteúdos das redes sociais e empregam inteligência artificial. Não podem, portanto, se beneficiar do imenso manto protetor da liberdade de expressão.

Winston Churchill sustentava: "Não há opinião pública, há opinião publicada." Por essa razão, por intervir diretamente no jogo político, a imprensa sempre foi tão importante. Até o século XIX e começo do XX, os jornais, revistas e panfletos disputavam entre si a atenção pública, muitas vezes produzindo *fake news*. É famoso o episódio de "Os protocolos dos sábios de Sião", que na Rússia czarista convenceu milhares de pessoas de que existia uma conspiração judaica para dominar a civilização. Com a comunicação de massa – televisão, jornal, rádio e o jornalismo integrando todos esses meios de comunicação –, a coisa ficou muito mais complicada.

A mídia anterior tradicional, ainda que com interesses pessoais, pontos de vista às vezes nebulosos, assegurava uma informação mais consensual. Cada órgão de comunicação acaba tendo uma linha ideológica, mas todos respondem juridicamente pelas inverdades que publicam, podendo ser acionados juridicamente pelos prejudicados. É sintomático que uma das estratégias da atuação digital das redes no jogo político tenha sido exatamente desqualificar os jornais e a imprensa, lançando caos na comunicação. Steve Bannon, assessor e guru de Donald Trump, defende que as redes sociais tiraram o filtro da imprensa tradicional abrindo espaço para que candidatos que não eram *mainstream* conseguissem furar o bloqueio que lhes era imposto por ela, o que não deixa de ser verdadeiro, mas não justifica os métodos usados nem a distorção dos fatos que elas vêm produzindo.

Em nosso século XXI, a descrença generalizada nas instituições é característica. Os meios de comunicação foram intensamente atingidos nessa revolução e, para tentar compensar as perdas financeiras, todos os grandes jornais instituíram o *paywall* bloqueando o acesso ao conteúdo dos mesmos até na versão digital, permitindo acesso apenas aos assinantes, limitando seu alcance. É natural, eles necessitam remunerar seu trabalho e seus custos, mas o fato é que isso fez com que essa informação de qualidade ficasse mais restrita a, por assim dizer, uma elite. A falecida e bem-humorada atriz Leila Diniz dizia que "de graça tomo até injeção". Grande parte da população se deixa impregnar pelas *fake news* também por isso, porque é gratuita.

A internet começou como um meio de comunicação entre cientistas e se transformou depois num enorme ambiente de comunicação mundial, passando a ser um ambiente de negócios e agora um campo de batalha política. Acredito que na fase inicial não era esse o objetivo das plataformas que desejavam aumentar seus seguidores e, assim, conseguir mais publicidade. O que as movia era aumentar a base de clientes. Depois, a própria política virou um negócio, e o político de expressão um grande cliente, uma grande conta para usar uma expressão publicitária. A questão se tornou mais grave quando os algoritmos, e não mais os humanos, começaram a comandar todo o processo. Os algoritmos apreendem comportamento humano, as características de cada seguidor e lutam para fazer com que ele fique o maior número possível de horas ligado à rede e à plataforma: o jogo da economia da atenção. Eles perceberam que a indignação e a revolta são o combustível perfeito para incendiar corações e mentes numa disputa eleitoral. A distinção entre o que é verdade e o que é mentira desaparece como a marca de um pé na areia que a onda apaga na praia.

Além disso, as redes sociais são feitas para o confronto e não para o consenso, gostam do embate e não do diálogo, privilegiam a discórdia mais que a concórdia. Há toda uma trajetória que se iniciou na Itália e veio a ter seu desenvolvimento completo na extrema-direita norte-americana encastelada majoritariamente no Partido Republicano nos últimos anos. O processo é comandado por algoritmos que tentam envolver um influenciador digital com muitos seguidores e uma boa polêmica. Com esses ingredientes, tem-se uma fórmula imbatível para o confronto que gerará mais gente em torno da plataforma do candidato, seja por simpatia ou por antipatia, não importa; interessa o engajamento.[47]

A utilização da empresa Cambridge Analytica na campanha de Donald Trump, como na do Brexit, que resultou na retirada do Reino Unido da Comunidade Europeia, está bem documentada. Cerca de 87 milhões de usuários tiveram seus perfis comercializados. Por detrás de ambas campanhas estão Facebook e Google. O Face tem uma imensa base de dados de seus usuários construída com memorização das suas buscas, dos seus cliques e curtidas, podendo depois de algum tempo construir um painel com todos seus atributos essenciais de gênero, idade, formação, etnia, orientação sexual, política e religiosa, e assim monetizar essa gigantesca base de dados com seus anunciantes. O Google, com seus algoritmos de busca, seleciona os conteúdos relevantes e com base no que o usuário está procurando lhe oferece produtos da *web* que se adequam a seu perfil. Qual de nós não se assustou ao lhe oferecerem algum produto que procurou rapidamente e que aparece no seu computador como que vindo de uma nuvem? Isso não é hoje novidade para ninguém, mas é importante insistir nisso para aguçar a consciência do leitor sobre como as coisas ocorrem.

As *fake news*, a nosso ver, só devem ser punidas nessa utilização no processo político (o que vem ocorrendo comprovadamente em várias eleições) ou nos casos de difamação injuriosa de pessoas, públicas ou não. Fora disso, não há como intervir no enorme espaço de liberdade que todo indivíduo possui de exercer e externar sua opinião, crítica ou pensamento. Não há como criar filtros nesse sentido. A liberdade de expressão tem de ser a mais ampla possível, não cabendo a ninguém julgar, punir ou cercear o direito de ninguém. E por que sua efetivação no processo político se justifica e se faz necessária? Porque já existem provas concretas da utilização das *fake news* intervindo no processo de escolha do eleitor, construindo um novo vetor de forças até pouco tempo inimaginável.

O impulsionamento de mensagens mentirosas pelo WhatsApp numa campanha eleitoral é crime porque, para confeccionar e enviar milhares de mensagens, é necessário muito dinheiro, caracterizando-se assim o abuso de poder econômico. São usadas fazendas de celulares e de cliques que disparam uma infinidade delas para números telefônicos escolhidos com pesquisa. É necessário localizar os financiadores dessa nova forma de intervenção no processo político, seguir a trilha do dinheiro, o que é difícil mas não é impossível, punindo o investidor. O eterno *cherche l'argent* dos romances policiais. Normalmente as redes divulgam "notícias" simétricas às que foram disparadas pelo WhatsApp de maneira que o usuário se convença da veracidade desse conteúdo, que vindo de duas fontes distintas assume maiores signos de veracidade.

É ilusório achar que as próprias redes irão corrigir esses excessos e distorções. Essas megaempresas ganham fortunas com esse modelo de negócios baseado na publicidade. São modelos nos quais você, em tese, oferece coisas de graça, mas na verdade está tirando vantagens dos clientes sem que eles saibam. A forma correta é você pagar para quem que lhe vende algo que você sabe pelo que está pagando e o vendedor sabe o que está vendendo. Já há um mercado de assinaturas que funciona bem. Se você quer um *streaming* de filmes, pode tê-lo; se quer um de música, também, e assim sucessivamente. Você paga mensalmente por uma assinatura. Jogo jogado. Se não está satisfeito sai e busca o concorrente.

Fica claro, ao menos para mim, que fortalecer o jornalismo é uma das maneiras de reduzir o impacto das *fake news*. Se cada um de nós não desse atenção a qualquer notícia sem autor assinando e sem o veículo onde o autor trabalha, faríamos silenciosamente um grande avanço.

As leis de proteção ao cidadão

No Brasil, depois de ficarmos num limbo jurídico em relação aos demais países, aos poucos surge uma legislação protetora do cidadão nesse novo mundo digital. Se de um lado o *e-commerce* desenvolveu-se e se implantou com relativa facilidade, de outro custamos a ter marcos legais que protegessem o cidadão. O primeiro deles é um projeto de 2018 convertido na Lei nº 13.709/2018 (Lei de Proteção de Dados-LGPD) que regulamentou a política de proteção de dados pessoais e privacidade, modificando alguns dos artigos do Marco Civil da Internet e passando a ter vigência plena a partir de agosto de 2020. Teve como fonte de inspiração a legislação europeia da General Data Protection Regulation (GDPR) que já vigora desde de maio de 2018 e que tem obrigado os diversos países da União Europeia a se adaptar a ela. O mesmo ocorrerá aqui.

Inúmeras empresas brasileiras trabalham de forma direta ou indireta com dados pessoais de seus clientes. Em determinadas segmentos da economia, como bancos, seguradoras, *fintechs* e no *e-commerce*, eles são parte essencial do negócio. Para esses segmentos, como para toda atividade econômica, a segurança das informações dos consumidores passou a ter legislação própria tipificadora de condutas e aplicadora de sanções. Não se trata de um regime optativo, mas sim obrigatório, que faz com que todas as empresas precisem de se adequar às novas regras de proteção de dados pessoais.

Milhões de informações pessoais circulam pelas redes diariamente. O ambiente de negócios será impactado pela LGPD, cabendo às empresas e instituições se protegerem de eventuais violações e subsequentes penalidades, bem como de uma opinião pública negativa na hipótese de incapacidade de proteção do seu banco de dados. É fácil prever um aumento considerável de custos para essas empresas com um maior *compliance* de proteção. As informações pessoais protegidas pela lei são todas aquelas que permitam a identificação de uma pessoa natural, como nome completo, e-mail, endereço de IP, dados bancários, cartões de crédito, informações médicas e localização.

Os exemplos de violações de dados se multiplicam. No exterior, o caso mais famoso foi o vazamento de dados de milhões de usuários do Facebook para a empresa britânica de marketing Cambridge Analytica. No Brasil, já se tem confirmação de dois casos: um da Netshoes e outro banco Inter, além de um novo, em apuração, da empresa de proteção de crédito Boa Vista. Esse contencioso só tenderá a aumentar com a vigência da nova legislação e dos novos órgãos de controle.

A partir de agora, o consentimento do cliente deverá ser sempre expresso. O clássico "clique aqui para finalizar seu cadastro" seguido invariavelmente do "clicando aqui você concorda com os termos de uso e política de privacidade" não terão mais lugar. O usuário ou cliente deverá ser sempre perguntado e instado a dar seu consentimento.

As empresas podem ser responsabilizadas administrativamente com penalidades que vão de advertência até multas de 2% do faturamento anual da empresa até o limite de R$ 50 milhões por infração comprovada. O titular dos dados poderá demandar administrativamente ou judicialmente. Foi criada uma Autoridade Nacional de Proteção de Dados (ANPD), órgão da administração pública indireta vinculado à Presidência da República, com o objetivo de zelar pela proteção de dados pessoais e dar eficácia à lei.

A legislação elenca o rol dos sujeitos, encargos e responsabilidades dos que a lei denomina "agentes de tratamento" e que são: (a) o controlador, como a pessoa jurídica ou natural de direito público ou privado, a quem competem as decisões referentes ao tratamento de dados pessoais, e (b) o operador, como a pessoa jurídica ou natural de direito público ou privado que realiza o tratamento de dados pessoais em nome do controlador como um subcontratante do controlador.

Por fim, a lei deixa claro que os agentes só não respondem quando provarem que não realizaram o tratamento a eles atribuído e que não houve violação à legislação ou que o dano decorre de culpa exclusiva do titular dos dados ou de terceiros.

Outro projeto importante para a proteção da cidadania editada no país é o Projeto de Lei nº 2630/2020 mais conhecida como Lei das *Fake News*, aprovada no Senado Federal em 10 de julho de 2020 e que seguiu para debate e aprovação na Câmara dos Deputados quando este trabalho está sendo escrito. Como se trata ainda de um projeto aprovado apenas na Câmara, poderá sofrer sanções e mudanças no Senado. Assim servimo-nos de um resumo elaborado pela Agência de Notícias da Câmara que sintetiza o estágio atual do projeto que depois deverá ser aprovado no Senado não se sabe quando, ou melhor, se antes ou depois das eleições de 2022.

Segundo o texto, os provedores de redes sociais e de serviços de mensagens deverão proibir contas falsas – criadas ou usadas "com o propósito de assumir ou simular identidade de terceiros para enganar o público" –, exceto em caso de conteúdo humorístico ou paródia. Serão permitidas as contas com nome social ou pseudônimo. As plataformas deverão proibir também contas automatizadas (geridas por robôs) não identificadas como tal para os usuários. Os serviços deverão viabilizar medidas para identificar as contas que apresentem movimentação incompatível com a capacidade humana e deverão adotar políticas de uso que limitem o número de contas controladas pelo mesmo usuário. Pelo texto, em caso de denúncias de desrespeito à lei, de uso de robôs ou contas falsas as empresas poderão requerer dos responsáveis pelas contas que confirmem sua identificação, inclusive por meio de documento de identidade. O projeto determina que as plataformas limitem o número de envios de uma mesma mensagem a usuários e grupos e também o número de membros por grupo. Além disso, elas deverão verificar se o usuário autorizou sua inclusão no grupo ou na lista de transmissão e desabilitar a autorização automática para essa inclusão.

Pela proposta, as empresas deverão guardar, pelo prazo de três meses, os registros dos envios de mensagens veiculadas em encaminhamentos em massa. São enquadrados como encaminhamentos em massa os envios de uma mesma mensagem para grupos de conversas e listas de transmissão por mais de cinco usuários em um período de 15 dias, tendo sido recebidas por mais de mil usuários. O acesso aos registros somente poderá ocorrer mediante ordem judicial, para fins de responsabilização penal pelo encaminhamento em massa de conteúdo ilícito. Os aplicativos de mensagem que ofertem serviços vinculados exclusivamente a números de celulares deverão suspender as contas de usuários que tiveram os contratos encerrados pelas operadoras de telefonia ou pelo consumidor. O projeto altera o cadastro de telefones pré-pagos para determinar que a regulamentação dos cadastros traga procedimentos de verificação da veracidade dos números dos CPFs e CNPJs utilizados para a ativação de chips pré-pagos.

Ainda segundo o projeto, todos os conteúdos pagos nas redes sociais terão de ser identificados, inclusive com identificação da conta responsável por eles, para que o usuário possa fazer contato com o anunciante. No caso de impulsionamento de propaganda eleitoral ou de conteúdos que mencionem candidatos, partidos ou coligação, todo o conjunto de anúncios feitos deve ser disponibilizado ao público, incluindo valor total gasto, para fins de checagem pela Justiça Eleitoral. As entidades e os órgãos da administração pública deverão publicar nos seus portais de transparência dados sobre a contratação de serviços de publicidade ou impulsionamento de conteúdo na internet.

O projeto prevê também que o Congresso Nacional institua, em até 60 dias após a publicação da lei, caso aprovada, o Conselho de Transparência e Responsabilidade na Internet, que terá como atribuição a realização de estudos, pareceres e recomendações sobre liberdade, responsabilidade e transparência na internet. O conselho será composto por 21 conselheiros, incluindo representantes do poder público, da sociedade civil, da academia e do setor privado. Eles terão mandato de dois anos, admitida uma recondução, e terão de ter os nomes aprovados pelo Congresso Nacional.

Num primeiro momento, parte do público interessado entendeu que o projeto iria ferir a liberdade de expressão com risco de censura das plataformas Facebook, Twitter e Google. Depois, outro grupo cujo foco de estudo não é as redes, mas antes os apps de mensagens, o defenderam. No Brasil, o app central é o WhatsApp, utilizado majoritariamente pela população com seus *smartphones*. Os executivos do WhatsApp sustentam que não são serviços de *broadcast* e que se dedicam a possibilitar a conversa entre poucas pessoas. Na prática, não é bem assim. O aplicativo permite que se formem grupos de conversas e listas de transmissão. Assim, uma mensagem para uma pessoa pode se multiplicar por uma lista de transmissão, conectando-se a outra sucessivamente, como círculos concêntricos que se amplificam.

Para se retirar um post do ar e identificar os usuários responsáveis pela sua publicação, é necessário haver decisão judicial, o que não é rápido nem simples, mas é possível. A vítima de uma *fake news* precisa, antes de tudo, identificar a URL (em inglês, Uniform Resource Locator), que é o endereço de um recurso na rede remetendo ao *link* onde a publicação foi gerada. Será necessário um processo na Justiça comum ou no Juizado Especial. Concedida uma liminar ou uma tutela antecipada, com a indisponiblização do conteúdo danoso e identificação do ofensor, a vítima poderá requerer a reparação de natureza civil ou criminal para o caso. Desse modo será possível começar um combate às *fake news*, chegando também a seus financiadores.

A Lei das *Fake News*, mesmo sendo confusa, é um avanço, vai preencher uma grande lacuna e deverá ser útil em relação ao aplicativo WhatsApp, mas em relação à Lei Geral de Proteção de Dados desejo fazer algumas ponderações. Copiamos uma legislação europeia sofisticada. Até aí, tudo bem, porque isso não é um fato novo; a periferia copia o centro. O Brasil é uma nação judicializada por natureza e escolha, sendo enorme o volume de demandas que se eternizam num sistema recursal elevado à quarta potência pela existência de quatro graus de recursos. Temo que na prática haja um aumento de pedidos de autorização prévia para tudo nas redes, como hoje se solicita autorização para os *cookies* por exemplo. O usuário deverá ser obrigado a autorizar qualquer coisa ou não terá seu acesso liberado numa página de sua predileção e interesse. Numa comparação simplória, como ocorre hoje com todo paciente que, antes de ser operado, assina um documento que, na prática, isenta o cirurgião e sua equipe de qualquer problema que possa ocorrer na cirurgia...

Para protegermos efetivamente o usuário e cidadão, precisamos proteger a própria segurança da rede. Levantamento dos laboratórios de segurança digital estimam que em 2020 mais de 5 milhões de pessoas foram vítimas de clonagem no WhatsApp. Em outra área, quadrilhas se especializaram em fraudes bancárias e desviaram cerca de R$ 142,5 milhões da Caixa Econômica Federal destinados aos beneficiários de programas do governo federal ligados à pandemia que a CEF tenta agora, com enorme dificuldade, recuperar. O PIX, sistema de pagamentos instantâneos do Banco Central, reduzirá enormemente as tarifas bancárias, permitirá acesso da população que não tinha conta em banco e possibilitará a transferência de dinheiro entre pessoas e empresas sete dias por semana. Ele poderá ser adotado no *e-commerce* substituindo o cartão de crédito. Para fazer uso dessa tecnologia, o consumidor precisará apenas ter uma chave PIX cadastrada em qualquer instituição financeira e um *smartphone*, o que não é problema num país no qual mais de 80% dos donos de celulares têm acesso à internet em seus aparelhos. Poderá ser extremamente útil à integração do país a atual revolução digital e ser um passo importante no sentido da desbancarização do sistema financeiro. É fundamental que o homem comum não seja invadido e hackeado com facilidade. Estamos nos digitalizando com alguma velocidade, mas nossa segurança digital ainda é muito frágil. A proteção do indivíduo nesse novo mundo passa também por essa necessidade de segurança do sistema em si mesmo, pois sem ela uma legislação moderna é inócua e ineficiente, como a Linha Maginot foi na proteção da França na Segunda Guerra Mundial.

O que, creio, devemos também reforçar e proteger é nossa infraestrutura de conexão. Somos um país continental, com uma população de mais de 210 milhões de habitantes, com diversidade regional, uma pauta diversificada de produtos a serem exportados e devemos aproveitar nossas vantagens competitivas nos sofisticando. A China era um país pobre até outro dia. Entendeu que não podia perder a corrida da nova Revolução Industrial. Para cada nova estrada a ser asfaltada levou junto cabeamento de fibra ótica para transmissão de rede. Conectou as diversas regiões do país. O Brasil tem um paradoxo: uma população que passa horas conectada (mais de nove horas por dia, segundo estudos), mas que possui baixa conexão, ou seja, um povo que com sua plasticidade social incorporou a nova linguagem, mas não tem meios técnicos de exercê-la e desenvolvê-la. Essa é uma das funções do setor público: viabilizar as necessidades legítimas de sua população.

Devemos investir na digitalização da educação. As crianças de todas as classes sociais estão encantadas com a nova tecnologia. Educação digital somada a uma conexão potente e gratuita no país talvez fosse mais benéfico do que uma legislação como a que acabamos de importar, ainda que seja igualmente necessária. Dito de outra forma: só adianta trazer regras modernas se tivermos uma infraestrutura digital moderna. A conexão, após a revolução digital, é uma infraestrutura semelhante a energia, saneamento, transporte, sendo uma das chaves para o crescimento sustentado.

Na pandemia, as crianças foram obrigadas a estudar em suas residências, já que as aulas presenciais foram suspensas. Nessa situação, as crianças pobres ficaram altamente limitadas no seu processo de aprendizado pela dificuldade de acompanhar as aulas e fazer os exercícios quando comparadas às crianças de classe média ou ricas. Estudo recentíssimo feito pela FGV/Eesp, coordenado pelo prof. André Portela de Souza, demonstra que a ausência de inclusão digital durante a pandemia representou um apagão pedagógico que atingiu mais de 6 milhões de crianças – das quais cerca de 70% se encontram entre as mais pobres –, fazendo com que chegassem ao fim do ano sem aulas.[48; 49]

A educação é um dos únicos caminhos para aumentar a mobilidade social, e foi por ele que os países asiáticos progrediram. A ausência de conexão em nível mundial vai aumentar ainda mais o fosso digital, e com ele as desigualdades entre as nações. Um continente como a África, que possui o mais baixo índice de conexão do mundo, tenderá a ficar cada vez mais isolado, pobre e sem alternativas. Junto com a proteção legal devemos criar condições para que nossa população mais necessitada possa participar de tudo que a revolução digital representa e pode proporcionar. Essa é outra forma de protegê-la.

O *iceberg* da *deep web*

De uma maneira indireta, o tema da *deep web* também se insere na questão da proteção do cidadão e de sua privacidade. Lembro com nitidez da imagem de um livro da minha adolescência que exibia um *iceberg* para exemplificar as ideias de Freud, indicando que a parte visível era o consciente humano e a invisível, muito maior, era o inconsciente. Acho que esse esquema, ainda que simplificador, se aplica à diferença entre a *web* e a *deep web*, a parcela obscura da internet. A *deep web*, também chamada de *deepnet* ou *undnet*, é uma parte da *web* que não é indexada aos mecanismos de busca como o Google, e portanto fica oculta ao grande público. O último levantamento oficial da *web* feito pelo Google indicou a existência de 130 trilhões de páginas acessíveis de buscas. O que não está nesse levantamento seria a *deep web*. Tem de tudo. Por confusão e por ser um mundo novo, associou-se a *deep web* a tudo que fosse criminoso, o que não é verdade.

Por exemplo, na *deep web* constam também os serviços normais dos usuários como e-mails, dados bancários, compartilhamento de arquivos que estão no nível da consciência para seguir a imagem acima. Esse material é protegido e só é acessível mediante login e senha. Os robôs de buscadores não conseguem ter acesso a esses dados. Entretanto na *deep web* encontram-se também as *dark web*, que são redes fechadas acessíveis apenas por softwares e configurações específicas. A mais conhecida é a rede onion, através do software TOR (*the onion route* ou roteador de cebola), que é uma referência à forma fatiada em camadas que essa rede utiliza. O objetivo é sempre dificultar até tornar quase impossível a localização precisa e o acesso fácil de quem queira penetrar nesse submundo.

A TOR nada mais é do que um poderoso anteparo criando uma cadeia de roteadores (que apenas encaminham a informação), permitindo que o usuário navegue de forma anônima, utilizando comunicações criptografadas de chaves públicas e privadas. Para garantir a segurança, um algoritmo impede que os servidores usados na comunicação estejam no mesmo país ou sejam administrados pela mesma pessoa ou empresa. Para garantir o anonimato, possuem uma complexidade incomum e lentidão de conexão para mascarar os rastros. Assim, um usuário no Brasil que quiser comprar armas nos Estados Unidos irá conectar um site hospedado em outro país ou mesmo no Brasil, mas usando roteadores sucessivos tanto no sentido da requisição quanto na resposta, numa escolha sempre do caminho mais lento, difícil e tortuoso.

A rede TOR e as outras *dark nets* buscam sempre segurança e anonimato, sendo utilizadas por pessoas que precisam de proteção máxima de identidade, como traficantes, pedófilos, terroristas, neonazistas ou críticos de regimes autoritários. Essa rede foi a usada por Edward Sowden quando denunciou as atividades e vazou inúmeros documentos da Agência de Segurança Nacional (NAS). É usada no tráfico de drogas e no comércio de armas. Por exemplo, o principal suspeito da morte da vereadora Marielle Franco no Rio de Janeiro usou armas compradas na *deep web* para praticar o crime e em sua residência foi encontrado um verdadeiro arsenal bélico.

A rede cria paradoxos. A *web* começou aberta sem custo financeiro para seus usuários, formando-se uma grande geração de criadores que aperfeiçoaram o sistema por meio de empresas, nascidas quase todas no Vale do Silício, que foram crescendo em progressão geométrica enquanto o mundo off-line ainda comandava a vida econômica de forma aritmética. Nesse ínterim, o sistema bancário mudou. Os bancos tradicionais com sedes fixas, funcionários, talões de cheque, compensações bancárias foram sendo substituídos por instituições financeiras digitais que, em alguns casos, tornaram-se maiores que os bancos tradicionais. O *e-commerce*, que já andava rapidamente antes da pandemia, acelerou-se brutalmente, gerando uma enorme vacância nas lojas físicas que resistem em alguns pontos estratégicos, mas tiveram de digitalizar seus sistemas. O trabalho remoto no esquema *home office* tornou-se predominante. O ensino a distância tornou-se obrigatório pela impossibilidade presencial. Tudo é feito na rede e com ela.

Durante séculos, a privacidade foi um valor importante nas relações humanas. A humanidade sempre a privilegiou. O pombo-correio era um meio seguro de enviar mensagens. O lacre servia para proteger e individualizar correspondências. A adoção de códigos e senhas nos davam ao menos uma garantia razoável de tempo até serem quebrados. Agora, tudo isso acabou. Nossa privacidade foi hackeada. Qualquer jovem operador de tecnologia consegue entrar em nossos arquivos. Demorou um bom tempo até que as pessoas percebessem que não havia mais privacidade. Ora, parodiando Dostoiévski podemos dizer que "se não há privacidade tudo é permitido!"[50]

Ironicamente, a privacidade perdida passou a ser reconstruída pela criminalidade quando o território da legalidade da *web* estava já invadido, hackeado. Na própria rede um usuário atento pode aprender como fazer para agir nessa região de sombra da sociedade. Darei alguns exemplos.[51]

Primeiro, é muito importante saber o que é um IP. O sistema de identificação da *web* atribui uma identidade virtual a todos os dispositivos conectados e, assim, saber seu IP pode ser útil em diversas situações. O termo IP vem de "*internet protocol*", que é usado para duas coisas distintas: descreve os protocolos de comunicação entre dispositivos e é o número de identificação de um dispositivo conectado naquele momento à internet. Normalmente, para diferenciar um termo do outro, o último é também chamado de endereço IP ou *IP adress*. Fundamentalmente, o número do seu endereço ou seu *IP adress* é o equivalente ao CPF do seu computador, celular, tablet, videogame ou qualquer desses artefatos do mundo digital.

O IP é um protocolo de comunicação entre dispositivos. A um IP interno, próprio de cada aparelho, e um IP externo que o habilita e possibilita conectar-se à rede. Entretanto, se quiser, você pode navegar na internet de forma anônima, protegendo sua identidade com algum grau de segurança. Existem maneiras de ocultar seu IP, mudando-o de tal maneira que fique difícil ou quase impossível de ser rastreado. Uma das formas é usando uma VPN (*virtual private network*), um serviço intermediário entre o usuário e a internet que possui instrumentos de criptografia e navegação sigilosa. A VPN oculta seu IP, e a criptografa, sua conexão. Existem VPNs pagas que são mais seguras e outras gratuitas que são perigosas. Outra maneira é usar um *proxy*, que é um serviço intermediário entre você como usuário e a rede que recebe e repassa informações do site que você está acessando; assim o que fica registrado é o IP do *proxy* e não o seu. Outra possibilidade é usando a TOR, sobre a qual falamos acima, mas que criou a fama de estar ligada ao crime. Se você apenas quer mudar seu IP, pode usar a rede de dados do seu celular transformando-o num roteador, seja um iphone ou um Android. Esse mecanismo também pode ser usado por você quando estiver viajando e não quiser usar as redes públicas de wi-fi dos hotéis, shoppings e aeroportos. Pode também usar as redes wi-fi públicas utilizando o IP delas e não o seu, e assim cada conexão terá um IP diferente.

Um dos episódios mais famosos da história da *dark web* envolveu o empresário Ross Ulbricht por conta de uma página por ele criada intitulada Silk Road, que intermediava a venda de itens proibidos e drogas. O site, fundado em 2011, no auge chegou a contabilizar negócios da ordem de quase US$ 1 bilhão em transações, tudo sem pagar impostos, pois usava sempre *bitcoins*. Operava usando um endereço de IP do servidor Silk Road através da Thor Data Center com sede em Reykjavík, Islândia. Chegou a ter um milhão de usuários. A fama acabou baixando suas defesas e foi fatal para ele, como ocorre com os grandes criminosos. Ross Ulbricht era conhecido na *deep web* pelo codinome DPR, acrônimo de Dread Pirate Roberts, que ele nega, até hoje, ser ele.

Como autodidata, estudou economia, filosofia oriental e drogas psicodélicas. Defendia que toda tributação imposta pelo governo era um monopólio e como tal devia ser combatida. Ao invés de ligar o extremo Oriente à Europa, como fazia a maior rede comercial do mundo antigo, sua Silk Road era um gigantesco mercado on-line que explorava brechas do correio de diversos países. Foi preso em 2013 e condenado a prisão perpétua em 2015. É de longe o personagem mais interessante desse submundo digital que virou um filme intitulado *Deep web*. Parece claro que para combater esse tipo de criminalidade precisaremos de policiais diferentes. Eles terão de ser uma mistura de Sherlock Holmes com Alan Turing...[52]

Outro caso famoso é o dos Maníacos de Dnepropetrovski, dois ucranianos de 19 anos na ocasião – Victor Sayenko e Igor Suprunyuk – que entre junho e julho de 2007 teriam assassinado cerca de 21 pessoas de forma aleatória nas ruas com um martelo, num requinte de crueldade e insensatez inimaginável. A dupla foi presa e condenada à prisão perpétua. O comparsa e cúmplice Alexander Hanzha foi condenado a nove anos de prisão. Nunca se descobriu a motivação de ambos e a única suspeita vem do depoimento de uma namorada que acredita que eles tinham como propósito vender *smuff* vídeos para um comprador estrangeiro que se hospedava numa *dark web*. Vídeos onde mortes reais acontecem valem muito dinheiro nesse submundo. A morte de uma das vítimas, Sergei Yatzenko, foi gravada pelos próprios assassinos, e o vídeo vazou na internet, viralizando. É espantoso que isso tenha ocorrido e igualmente espantoso que um vídeo dessa natureza tenha feito sucesso. É necessário, sinceramente, que a sociedade possa refletir sobre a encrenca em que estamos envolvidos e sobre a doença que permeia nosso tecido social. Tão doentes quanto os assassinos são seus espectadores que compram seus produtos.[53]

No Brasil, as redes sociais também são usadas como meio de comunicação fundamental para o narcotráfico e para facções do crime organizado. Elas são usadas tanto no recrutamento de mão de obra criminosa como para fazer propaganda dos seus crimes. Vídeos de execuções bárbaras têm sido publicados no YouTube, Telegram e WhatsApp. A polícia usa os posts das redes para investigar facções ao mesmo tempo que os criminosos seguem de perto as publicações de seus informantes, em especial no Facebook. Inicia-se a utilização de novas plataformas, como Snapchat e TikTok, que são mais difíceis de rastrear exatamente porque delas se tem menos conhecimento acumulado. A dificuldade é como impor controles sem criar restrições indesejáveis à liberdade de expressão. O caminho de uma resposta no Legislativo esbarra nesse ponto. Parece claro que caberá às próprias plataformas digitais fazer esse papel, respeitando sempre a privacidade e a liberdade de expressão. Nesse ponto, temos uma situação que ocorre em todo o mundo, e assim o remédio que venha a ser desenvolvido fora poderá ser utilizado também por nós.

De acordo com o Relatório Anual de Atividade Criminosa On-line, o Brasil foi, em 2020, o país campeão em vazamento de dados em cartões de crédito, acumulando mais desvios e clonagens que os Estados Unidos, colocado em segundo lugar no *ranking*. A maior parte das fraudes ocorre na internet. Entre as armadilhas estão os links para sites falsos (*phishings*) ou robôs espiões (*malwares*) nos sistemas das vítimas. Outra área bem desenvolvida no país é o pagamento de contas com descontos. Na *deep web* ou em grupos fechados de WhatsApp, os criminosos anunciam o pagamento de boletos de consumo, como luz, por 40% do seu valor de face. O interessado que tem uma conta entra em contato com esses grupos pagando 40% do valor da conta para que o boleto seja quitado com um cartão clonado. Por isso é que sustentamos acima que teremos de desenvolver nos órgãos policiais e de controle grupos que sejam uma mistura de Sherlock Holmes com Alan Turing.

A *deep web* na forma de crime digital tomou uma dimensão pública por sua utilização por *hackers*, fazendo com que os desvios tenham dimensões econômicas preocupantes. Em capítulo anterior, ao comentar o deslocamento da riqueza fizemos alusão ao ciberespaço como o território livre, sem controle, no qual as pessoas passam cada vez mais tempo. Pois bem, é nesse ciberespaço que se trava um novo combate entre as potências militares do Ocidente. Os ataques de *hackers* russos à Colonial Pipeline, empresa que controla o maior oleoduto americano, com resgate pago em criptomoedas e o ataque à brasileira e multinacional JBS, fornecedora importante de carne aos EUA e proprietária de empresas no país, que pagou US$ 11 milhões em bitcoins, acenderam a luz vermelha. Um dos grupos mais ativos e poderosos intitulado sugestivamente de DarkSide foi o autor do ataque à empresa de energia. Há uma grande desconfiança de que esses grupos trabalhem tanto para o governo russo como por conta própria em função da impunidade de que gozam no país com sua atuação.

O presidente americano Joe Biden costurou com a Organização do Tratado do Atlântico Norte (Otan) um comunicado repudiando os ataques ocorridos, conhecidos na rede como *ransomware* que invadem a privacidade das empresas escolhidas, sequestram seus dados e impedem o funcionamento dos seus sistemas congelando a atividade das mesmas. Assim o mundo digital passa a trazer graves danos ao sistema produtivo podendo interferir no fornecimento de bens essenciais como energia e alimentação. A Rússia de Putin, tendo perdido o protagonismo que já teve com a ascensão fulgurante da China, tenta assim reviver a Guerra Fria que manteve com os Estados Unidos. Dessa forma, tudo continua girando em torno do mundo digital e é dentro dele que a humanidade terá de buscar solução para seus novos conflitos.

Direito

West and East

No Brasil, estamos na periferia da revolução digital em conjunto com os demais países da América do Sul e América Central. Temos um número gigantesco de iphones ativos, superior ao número de habitantes, mas um índice de conectividade reduzido na região. O brasileiro é um dos povos que passa mais tempo conectado. Todavia isso não tem importância alguma para o grande confronto que é travado entre os Estados Unidos e a China, pois nem mesmo a Europa possui peso e importância no sentido de criação e poder na indústria digital. Entretanto a história, processos e características de cada uma dessas superpotências é diferente e analisaremos sumariamente essas diferenças.

A tecnologia digital nasceu no Vale do Silício, na costa oeste norte-americana, e espalhou-se pelo mundo. Foi lá que o alicerce das indústrias de hardware e softwares foi estruturado. Paralelamente, a China acabou se transformando no centro mundial de equipamentos para as empresas norte-americanas, situação que parcialmente ainda perdura até hoje, sendo lá que ainda é fabricada a maioria dos chips da Apple por exemplo. O que os Estados Unidos não contavam é que a China iria, em tempo recorde, desenvolver também sua tecnologia digital competindo com os norte-americanos em diversos segmentos e estando, inclusive, na frente em alguns.

De forma muito inteligente e determinada, a China começou a condicionar que qualquer fábrica estrangeira que quisesse ser instalada em solo chinês só seria autorizada se, junto com sua construção, houvesse uma transferência de tecnologia. A China optou por um processo de industrialização diferente dos demais países porque isso se consolidou ao longo do século XX regulado pelo Estado. Foram criadas as Zonas

Econômicas Especiais (ZEEs) no governo Deng Xiaoping (1982-1987), que foram mantidas integralmente pelos governos que o sucederam. Elas são o marco da transição chinesa do comunismo clássico para o atual capitalismo de Estado. É oportuno lembrar a conhecida frase de Deng Xiaoping quando lhe indagaram se o sistema seria um capitalismo de Estado ou um socialismo de mercado. Ele respondeu: "Não importa a cor do gato, contanto que ele cace o rato."

As zonas econômicas especiais são áreas destinadas especificamente à atividade industrial, com a oferta de vantagens para a atração do capital estrangeiro. A produção industrial chinesa estava em grave crise desde da década de 1960, e era necessário também fortalecer as exportações. Outra característica das ZEEs foi a geração maciça de emprego, tanto para mão de obra qualificada como não qualificada, uma vez que as empresas estrangeiras para se instalarem na China deveriam associar-se por meio de *join ventures* a uma empresa local chinesa estatal ou privada. As multinacionais também foram beneficiadas nesse processo de abertura comercial. O país ofereceu enormes atrativos para grupos internacionais estrangeiros, como mão de obra barata e abundante, acesso a matérias-primas, infraestrutura adequada às exportações com a construção de estradas modernas, acesso ao maior mercado consumidor do mundo sem penalização de barreiras e tarifas alfandegárias, além de impostos locais baixos com isenção fiscal para a importação de produtos e maquinários industriais.

A presença de um mercado consumidor que possui um quinto da população mundial e o conjunto dos benefícios e vantagens acima descritos fizeram com que os produtos de baixa tecnologia pudessem ser produzidos com investimentos praticamente sem risco, com retorno assegurado, uma vez que sem outro competidor no mercado mundial. Numa fase inicial, instalaram-se fábricas voltadas para mercadorias mais simples, com menos tecnologia, como a indústria têxtil, de alimentos, brinquedos e produtos descartáveis que inundaram o mundo, que ainda não havia percebido e entendido a revolução que estava sendo feita. Depois, houve uma migração de indústrias do ramo automobilístico, equipamentos eletrônicos e, por último, tecnologia avançada. Os chineses adaptaram as lições milenares do século XIV, do imperador Zhu Yuanzhang, que liderou um exército rebelde, fundou a dinastia Ming e que, após resistir a várias campanhas militares, sugeria: "Construa muros altos, armazene grãos e espere o tempo certo para reivindicar o trono."

Após essa fase, digamos heroica, de formação da indústria de hardware e com a influência benéfica do investimento e da convivência com os países estrangeiros, o país partiu para o desafio da internet e da nova indústria de serviços digitais. A China, com seu capitalismo de Estado, criou em relativamente poucos anos a maior distribuição de renda do mundo e uma classe média gigantesca, com grande poder aquisitivo. O comércio eletrônico se desenvolveu com velocidade Na China, como a propriedade imobiliária pertence ao Estado e é cara, isso acabou fazendo com que o comércio eletrônico se desenvolvesse com velocidade. Os varejistas off-line tinham dificuldade de se expandir no país. Muitos deles bem-sucedidos com suas lojas e restaurantes tinham medo de que com o sucesso e aumento do fluxo de clientes seus contratos de locação fossem majorados pelo Estado na próxima negociação. Nos Estados Unidos, ao contrário, as cadeias de supermercados sempre foram muito fortes e as lojas de departamento também, mas ambos não têm relevância na China. Mesmo com a construção maciça de supermercados e pequenas mercearias, a penetração dos varejistas off-line é baixa. O caminho que estava livre seria desenvolver o comércio eletrônico.

O governo incentivou a criação de um ecossistema que havia sido construído espontaneamente no Vale do Silício em uma região de Pequim, retirando antigos moradores e abrindo espaço para empresas de capital de risco, startups, incubadoras e prestadores de serviços na região de Zhongguancun a noroeste de Pequim. Assim, com auxílio estatal, mas com ampla liberdade de desenvolvimento privado, criou-se um centro tecnológico e digital inovador que se reproduziu em algumas outras cidades.

Grandes áreas, como o Z-Park e o InnoWay, concentram pessoas e investimentos num mesmo ambiente. O Z-Park é composto de um conjunto de parques perto de instituições como a Universidade de Tsinghua, a Universidade de Pequim e a Academia da China de Ciências, sendo considerada uma ZEE de Desenvolvimento de Novas Tecnologias. O país teve clareza de que parte do êxito americano foi sua articulação com as universidades, uma vez que criadores como Larry Page e Sergey Brin, do Google, estudavam em Stanford e trabalhavam numa pesquisa institucional quando começaram.

De outro lado, com Jinping foi imposta restrição de acesso à internet mundial. A China bloqueou o Google e o Facebook, Twitter e Instagram entre outras grandes empresas de mídia ocidentais no que se denominou Great Firewall ou A Grande Muralha de Fogo. O sistema conta com o bloqueio de palavras-chave que impedem que o usuário as utilize nos seus textos. Uma vez publicados nas mídias sociais, os textos ainda podem ser lidos por censores profissionais e retirados do ar.

O controle tem dois objetivos: um de natureza política e outro de natureza econômica. O de natureza política visa controlar ataques ou críticas ao governo, bem como bloquear temas proibidos, como os grupos de independência tibetanos, sites do Human Rights ou Anistia Internacional, informação sobre seitas proibidas, como Falun Gong, notícias de dissidentes, como o artista Ai Wewei e tantos outros, protestos na Mongólia ou quaisquer outros assuntos e temas que possuam "potencial de ação coletiva".

É curioso constatar que o jovem chinês parece não se importar tanto com o controle exercido pelo Estado nas mídias estrangeiras. Usando aplicativos caseiros e serviços on-line demonstram estar desinteressados do que foi censurado como se tivessem introjetado uma autocensura prévia; assim, o governo consolida seu sistema de valores alternativo à democracia liberal. Entre os intelectuais também existe uma atitude diversa da que os intelectuais russos tiveram. Um escritor como Soljnenítsin, Nobel de literatura de 1970, passou muitos anos encarcerado em um gulag. Sua obra descrevia o esmagamento da liberdade individual por um Estado totalitário e onipresente. Grandes nomes da literatura chinesa e da vida acadêmica produzem uma obra com aparência de liberdade que toca temas sensíveis, mas não ultrapassa uma linha mínima próxima à autocensura dos jovens. O prêmio Nobel de literatura chinês Mo Yan é um bom exemplo disso. Alguns autores, como Yav Lianke, que escreveu sobre o culto a Mao, ou Sheng Keyl e Chan Koonchung, que escreveram sobre os acontecimentos da Praça da Paz Celestial, são publicados em Taiwan e Hong Kong e proibidos na China, embora suas obras não tenham gerado punições severas a seus autores. Vários estudiosos interpretam isso como uma autocensura da elite literária que acaba sendo tão poderosa como a própria censura estatal.

Do ponto de vista econômico, o bloqueio visa proteger a indústria digital chinesa poupando-a da concorrência internacional, o que conjugado com o investimento governamental fortaleceu a indústria local. Hoje, no conjunto das 20 maiores empresas de tecnologia, nove delas são chinesas e as demais são americanas. De acordo com o levantamento da Internet Trends de 2018, a ordem das 10 maiores é a seguinte: Apple, Amazon, Microsoft, Google / Alfabeth, Facebook, Alibaba, Tencent, Netflix e Ant Financial. Para cada gigante americana há uma gigante chinesa. Assim, o Alibaba é o concorrente chinês da Amazon. A Tencent é o Facebook dos chineses e seu grande app de mensagens, WeChat, concorre com o WhatsApp, tendo um bilhão de usuários. O buscador Baidu cresceu com a saída do Google, que desistiu de ficar no país por ter sido inúmeras vezes bloqueado a partir de 2002 e de tentar um último acordo com o governo em 2010. Decidiu redirecionar seus serviços para Hong Kong. A Didi é o competidor do Uber, e assim sucessivamente.

As autoridades e especialistas chineses defendem-se dizendo que foi a falta de maleabilidade dos gigantes americanos, que não quiseram penetrar na cultura e na realidade da vida chinesa, que os impediu de crescer na China, muito mais do que as restrições de ordem pública. Acham que essa incapacidade de entender as preferências do usuário chinês e simplesmente querer implantar o modelo criado e objeto de sucesso mundial é que fizeram com que os gigantes digitais americanos fracassassem e abrissem espaço para os empreendedores locais criarem sua linguagem. Defendem que os empreendedores do Vale do Silício surgiram de um ambiente de abundância econômica que lhes permite sempre pensar soluções elegantes para os problemas e que os empreendedores chineses foram obrigados a criar voltados para o mercado.

Numa primeira fase, os empreendedores locais eram simples plagiadores. Ficou famoso Wang Xing, que criou o Xaonei, destinado aos *campi* universitários e que era uma cópia escancarada do Facebook, de Mark Zucberberg. Em 2007, repetiu a fórmula copiando o Twitter. As cópias eram tão claras que os profissionais americanos achavam um absurdo, mas pensavam que esse empreendedorismo meramente imitativo não levaria a China a lugar algum na nova indústria digital. Esse mesmo Wang, por fim, criou o Meituan, que acabou sendo um site de compras coletivas. Essa clonagem simplória acabou dando lugar à criação de produtos e empresas que passaram a ter linguagem aberta própria e que traduziram melhor o espírito chinês, tendo também o apoio estatal e a simpatia da população.

O icônico Jack Ma, criador do Alibaba, que como a Amazon no Ocidente oferece a conveniência da entrega em domicílio a milhões de consumidores, criou um mandamento em sua empresa: "Os consumidores primeiro, os colaboradores em segundo e os acionistas em terceiro."[54] Percebeu que a vantagem do processo vinha dos serviços financeiros e, em reação ao PayPal, criou o Alipay, ferramenta de pagamento on-line mais popular da China. Os consumidores sabem que pagando pelo Alipay suas contas só serão debitadas quando receberem seus produtos, procedimento que nenhum outro comércio eletrônico adota. Além disso, só depois da aceitação do cliente é que a Alipay libera os créditos ao comerciante. Sendo a plataforma financeira integrada à Alibaba, ela tem acesso ao histórico de negociação de seus clientes e assim está numa posição superior à dos próprios bancos para avaliar o risco de crédito.

As *startups* chinesas foram pioneiras nos serviços on-line para off-line transformando as cidades chinesas em ambientes de pagamentos móveis numa escala que nenhum outro país do mundo adota. Os superaplicativos de escala nacional, como o WeChat de pagamentos móveis, criaram ambientes sem circulação de dinheiro físico. O país vem também tendo dianteira na adoção da inteligência artificial (IA) mergulhando e dominando informações mínimas e confusas, como a entrega de comida, reparos de automóveis e bicicletas compartilhadas. O mesmo Jack Ma costuma dizer que "em outros países o comércio eletrônico é um modo de fazer compras; na China, é um estilo de vida".[55]

Um dos grandes confrontos entre as duas superpotências já se trava em torno do domínio do 5G. O 5G multiplica o download de dados em 50% acima do atual no 4G. A navegação se dará 1,2 gigabites por segundo. Pelo celular ou pelo relógio de pulso, poderão ser controladas as novas casas inteligentes, será possível ligar o ar-condicionado, desligar o aquecimento, operar o carro a distância, pedir o que se deseja dos bancos, controlar a conta-corrente ou repor a geladeira com os produtos necessários transportados por um drone e recebidos em casa por um robô. Trata-se da internet das coisas. Confesso que nenhuma dessas facilidades futuras me atraem, mas sou obrigado a listá-las para vocês, leitores...

Como temos sustentado, a briga é entre esses dois gigantes com seus projetos hegemônicos de poder político e econômico, e os países periféricos sofrerão as consequências desse combate sangrento. A transformação da China é realmente inacreditável num intervalo relativamente curto de tempo, gerando emprego e renda para milhões de chineses, construindo a maior classe média do mundo e sendo o segundo país na criação e expansão da indústria digital. Trata-se, entretanto, de um regime fechado politicamente, que controla diariamente a manifestação dos seus milhões de habitantes com a mesma Muralha de Fogo com que impede a entrada da informação estrangeira no seu território de navegação. As cidades são dotadas do que há de mais moderno em termos de acesso, mobilidade e tecnologia, com amplo uso de inteligência artificial. Em diversos parques públicos qualquer cidadão se cadastra na entrada por uma televisão, realiza seu reconhecimento facial por biometria e, com base nisso, todo o seu acesso e percurso é controlado. O visitante que resolve se exercitar pode colocar seus pertencentes num escaninho gratuito que se abrirá pela mesma leitura facial. Percurso e medição do seu exercício poderão ser feitos numa televisão quando de seu retorno a esse ponto inicial. Da mesma forma, apenas com seu rosto o escaninho se abrirá e o cidadão poderá retirar suas coisas.

Não há como não se impressionar com esse grau de utilização da tecnologia num grau de avanço e intensidade inexistente em qualquer outra nação do mundo. Na China, qualquer pessoa se sente em pleno, veloz e inexorável século XXI. De outro lado, torna-se quase impossível não perceber que você está sendo vigiado 24 horas por dia. Tudo que você faz ou deixa de fazer é controlado e, ao menos até agora, só o que você pensa ainda pertence ao universo de sua intimidade e privacidade, por enquanto, asseguram os técnicos, porque a inteligência artificial em breve estará lendo a pupila dos seus olhos, a velocidade dos seus batimentos cardíacos e seus músculos faciais, que irão denunciar seus pensamentos mais profundos e recônditos.

Não se pode pretender transpor regras e características das modernas democracias ocidentais para a China, que foi uma nação extremamente rica no passado, mas depois seguidamente explorada por países como Reino Unido, França, Alemanha, Portugal, Japão, Rússia e Estados Unidos. Fez uma revolução política a partir do campo e não das cidades, como foi a Russa de 1917. Sua população passou fome e grandes tragédias até conseguir se soerguer. Mesmo após a implantação do regime comunista, sua vida política atravessou várias crises com a prisão de diversos líderes, como Deng Xiaoping, que depois iria modernizar economicamente o país e iniciar essa evolução para um capitalismo de Estado. O próprio presidente atual, Xi Jinping, passou por momentos difíceis.

As autoridades chinesas estão convencidas de que um país com um sexto da população mundial, obrigado a alimentar diariamente 1 bilhão e 400 milhões de pessoas, só pode funcionar se for controlado. Não há espaço para um regime aberto do ponto de vista político; do ponto de vista econômico, sim, mas com a presença permanente do Estado. A ideia de liberdade que temos nas democracias ocidentais não tem tradução nem sentido num país como a China. A internet está a serviço do crescimento econômico, mas também do controle permanente da sua população. A informação é controlada e monitorada e as dissidências desse discurso uníssono são punidas com muitos dissidentes presos e outros vivendo no exterior sem poder voltar ao país. Esse controle pode produzir aspectos positivos, como a eficiência e a capacidade de controlar sua população na recente pandemia da Covid 19, mas também capaz da enorme repressão política como os eventos da Praça da Paz Celestial em 1989 demonstraram de forma clara.

Churchill dizia que "a democracia era o pior sistema político do mundo com exceção de todos os outros" e também que era o único que lhe assegura receber um jornal todos os dias na porta de sua casa junto com o leite. Se você, leitor, é um dos que ainda acreditam nisso, sua opção é muito clara. Se acredita que a história da humanidade é resultado de inúmeras lutas dos indivíduos contra as tiranias e injustiças sociais, sua escolha em qual dos sistemas políticos você deseja viver é relativamente simples. Se é dos que creem na livre iniciativa, na imprensa livre, no direito amplo de ir e vir, na possibilidade de voto direto de tempos em tempos para escolher seus governantes, você sabe de que lado estão sua mente e seu coração. A luta travada por esses dois grandes gigantes em torno da revolução digital é também um novo capítulo dessa luta de modelos políticos definidores das regras centrais pelas quais seus cidadãos são e serão governados.

Do ponto de vista econômico, assisto com preocupação a atitude política primitiva e primária do governo brasileiro de punir a China e tentar evitar a participação da Huawei na implantação do 5G no Brasil, mesmo informado de que a maior parte dos empresários do setor montaram estratégia e investimentos ligados a ela. As empresas brasileiras de telecomunicação já avisaram que entrarão na Justiça caso o governo brasileiro resolva banir a gigante chinesa, pleiteando indenização sobre os investimentos já realizados. Além disso, a Huawei participa diretamente das redes 3G e 4G, e a nova 5G será construída sobre a rede 4G. A questão é complexa e não pode ter uma abordagem simplória e emocional. Parecem querer esquecer que a China é o maior parceiro comercial do Brasil, o maior importador de produtos brasileiros do mundo. De outro lado, temos enormes laços históricos com os Estados Unidos, nosso segundo parceiro comercial e nação com a qual temos claras afinidades políticas ao longo de nossa história. Em matéria de política internacional, não temos de fazer escolhas dramáticas; temos de conversar e negociar com todos como o sol nasce todo dia no Leste e se põe a Oeste. Além disso, vivemos agora uma nova "guerra fria" entre essas duas potências e o melhor é o país ficar não alinhado, até porque, pela distância geográfica do Brasil em relação aos dois países, é fácil fazer essa escolha, o que não é possível para um país como a Coreia do Sul.

Sabemos que a democracia liberal está sob ataque cerrado no mundo agora. Os arquitetos da rede a conceberam como uma plataforma aberta, tanto que o cientista Tim Bernes-Lee, que a criou, não patenteou sua descoberta, o que o tornaria um bilionário. Permitiu que seu navegador world wide web (www) fosse usado livremente sem cobrar *royalties* ou patentes. Teve altruísmo e grandeza. Na segunda metade dos anos 1990, a internet foi uma revolução transformadora que permitiu a divulgação do conhecimento e introduziu inúmeros benefícios para seus usuários. Numa primeira fase, ela era gerida apenas por seres humanos. Os dados dos usuários começaram a ser usados para aperfeiçoar as plataformas. Em 1996, Sergey Brian e Larry Page, cofundadores do Google, escreveram um código para exibir as páginas da internet mais relevantes para uma determinada pesquisa e usaram os dados dos usuários para impulsionar seus anúncios on-line. Sites de menor importância iam para o fim da lista. Essa tecnologia deu origem ao maior buscador da internet. Com essa estratégia, o Google passou a ser a segunda empresa mais lucrativa do mundo. Com o sucesso, outras empresas adotaram os algoritmos nas suas plataformas. A crise financeira das empresas do Vale do Silício nos anos 2000 terminou por jogar as demais empresas no mesmo processo. Foi quando o Facebook aderiu a eles. O robô memoriza e aprende as características do usuário e depois lhe vende serviços. Nossos dados, depois, são comercializados como qualquer outra mercadoria, sem nosso controle e conhecimento. Temos de entender que se a revolução digital é irreversível e não podemos imaginar a atividade econômica sem ela, não estamos, entretanto, obrigados a aceitar esse grau de vigilância sobre nossa privacidade que as redes hoje exercem. As empresas de tecnologia sustentam que o modo de vida digital é impossível sem essa invasão dos algoritmos, mas isso não é verdade porque as redes já funcionaram e mudaram digitalmente o curso da história na sua fase inicial sem ela.[56]

Geridos por algoritmos, nos deparamos agora crescentemente com sistemas fechados, como os do Facebook após sua conversão a eles. A internet foi fundamental para democratizar o saber. O dramático é ver esse instrumento maravilhoso para promoção e inclusão de políticas públicas ser usado pelos governos autoritários para polarizar e manter regimes apoiados não no consenso, mas sim no domínio de parte do eleitorado, o que lhes permite ganhar uma eleição, mas não unir o país. O populismo emerge em grande parte do mundo com amplo domínio do ambiente digital. Apenas um sistema aberto, com eleições diretas e permanentes, com imprensa livre e Judiciário autônomo e independente, com o direito de ir e vir dentro e para fora do país é que poderá defender uma internet livre e menos danosa ao indivíduo e à sociedade. Qualquer das duas grandes potências lutará para ter a hegemonia mundial e espionará os outros países. Somos todos permanentemente espionados desde já. Uma vez que é incontrolável, prefiro ser espionado por uma nação que tem um Congresso eleito com regularidade, um Judiciário sólido com independência para coibir os excessos de seu Executivo e de suas empresas.

O monopólio dos gigantes

Como controlar, ou melhor, impor limites aos gigantes tecnológicos que comandam o mundo? A tarefa é impossível para um país como o nosso, situado na periferia da revolução tecnológica, realidade comum a todos os países da América Central e da América do Sul. A própria Europa, com algumas manchas esparsas de empresas competitivas, tampouco tem grande influência no mundo digital. O jogo é travado pelos Estados Unidos e pela China, as duas maiores potências econômicas do mundo que travam um confronto bipolar como expusemos no capítulo anterior.

Essas empresas, apesar de terem as próprias áreas de atuação originais, através de investimentos e aquisições maciças estão expandindo seus tentáculos em diversas direções. Para que se tenha uma dimensão da força econômica dessas empresas atualmente no mercado acionário norte-americano, cunhou-se uma expressão FAANG+M para representar a agregação de Facebook, Amazon, Apple, Netflix, Alphabet/Google e Microsoft. Elas, sozinhas, representam atualmente mais de 50% de toda a movimentação das bolsas americanas, e esse índice tem subido mesmo quando as ações dos demais setores apresentam perdas. Há hoje um crescimento econômico gigantesco no universo digital, com um grau de concentração de riqueza e poder que provavelmente o mundo não experimentou.

Se recuarmos duas décadas, veremos que as cinco maiores companhias do mundo eram GE, Microsoft, Shell, Glaxo e a Coca-Cola, ou seja apenas a Microsoft era da área de tecnologia. As outras quatro eram da velha economia e fabricavam coisas palpáveis, como motores, eletrodomésticos, gasolina, fármacos e bebidas gasosas. O dinheiro e o poder mudaram de mãos e a revolução da indústria consolidou essa mudança de eixo econômico.

Em função disso, a ideia de conseguir trazer alguns aprimoramentos a esse processo selvagem de seleção natural pode parecer perda de tempo. Penso que não devemos abdicar desse esforço, e que mesmo de dentro da periferia tecnológica na qual nos encontramos precisamos refletir sobre isso, sob pena de sermos simplesmente devorados. É claro que limites só poderão ser impostos pelos Estados Unidos, que criaram e ainda têm o domínio da tecnologia mundial. É o país síntese do mundo capitalista, no qual a economia de mercado é um credo permanente e no qual as empresas comandam a economia, sendo a presença do Estado, por isso mesmo, menor, de modo que um governo republicano ou democrata não altera essa estrutura. A população sente-se uma nação predestinada na qual essa liberdade econômica é um dos pilares herdados dos fundadores que tem de ser mantido em quaisquer circunstâncias. Em função disso, a interferência do Estado na dinâmica econômica do setor privado é muito difícil de se realizar exatamente porque contraria uma convicção liberal profunda e arraigada que tem, até agora, impedido que se criem controles ao crescimento gigantesco dessas empresas de tecnologia. Apesar de denúncias, protestos e movimentos em torno dessa concentração, não há resultados concretos. Por isso mesmo, sugiro lembrar uma das poucas experiências de intervenção estatal na liberdade empresarial da história norte-americana, se não for a única. Reside nela nossa crença e esperança que algo semelhante ocorra num futuro próximo.

Para isso, sugiro recuarmos um pouco no tempo, até o final do século XIX, entre os anos de 1870 a 1900, quando o país experimentou um vertiginoso crescimento e ultrapassou a Grã-Bretanha na liderança mundial da industrialização. O crescimento se deu no Norte e no Oeste, ficando o Sul estagnado, tentando cicatrizar as feridas da Guerra de Secessão que tinha acabado há poucos anos. Os salários mais altos pagos aos trabalhadores quando comparados com os europeus geraram uma enorme migração desses países e de alguns orientais para os Estados Unidos. O crescimento americano nesse período após a Guerra Civil foi o maior da história, só encontrando paralelo no crescimento no final do século XX dos tigres asiáticos.

A indústria pesada se desenvolveu enormemente por meio de ferrovias, fábricas, mineração e finanças, gerando crescimento nas cidades. O país se tornou o líder de tecnologia aplicada, com o maior número de patentes registradas no mundo. Freios a ar para os trens, uma grande rede de comunicações, o fornecimento de luz elétrica com corrente contínua e a lâmpada incandescente surgem nesse período. Por detrás, os personagens Westinghouse, Theodore Vail e Thomas Alva Edison emergem como novos cientistas com uma característica diferente da ciência da época: inventam para atenderem às novas demandas da indústria em expansão no país. A ciência trabalhando vinculada e para o mundo de negócios.

A corporação se tornou a forma dominante nos negócios com a formação de grandes trustes, e uma revolução científica na administração transforma os negócios. Essa nova supereconomia teria diversos empresários, sendo que quatro deles estiveram no centro dos acontecimentos. Analisar o que ocorreu com eles é importante para a compreensão do paralelo que estamos construindo. Andrew Carnegie (1835-1919) seria o imperador do aço; John D. Rockefeller (1837-1892), o comandante do petróleo; Jay Gould (1836-1892), o homem das ferrovias e manipulador das bolsas de valores; e J. P. Morgan (1837-1913) o maior banqueiro. Qualquer semelhança com os donos dos gigantes tecnológicos de hoje não é mera coincidência...

Carnegie, Rockefeller e Gould surgem nesse período, na segunda metade do século XIX, todos de origem modesta, mas com uma inteligência privilegiada, reflexos comerciais rápidos e enorme ambição. Trabalham em seus setores sempre reduzindo custos, aumentando a produção e montando as bases do Estado industrial moderno. Eles nunca foram amigos; ao contrário, muitas vezes adversários e em algumas ocasiões aliados, mas sempre mantendo um respeito prudente e distante entre eles. J. P. Morgan é o único de família abastada, nasce um pouco depois dos três, mas vive e age no mesmo ambiente.

Andrew Carnegie nasceu na Escócia e foi para os Estados Unidos com 12 anos de idade quando o pai, um tecelão escocês desempregado, emigrou para Pittsburg. Começou a trabalhar cedo, em 1848, trocando carretéis de linha numa fábrica de algodão. Foi guarda-livros, escriturário e mensageiro de telégrafo, tendo aprendido apenas pela observação dos outros trabalhando. Tornou-se o telegrafista mais requisitado dos homens de negócios porque compreendeu a integração do telégrafo com a logística. Sua trajetória é uma fábula da possiblidade de ascensão que a nova nação americana estava criando.[57]

Com cerca de 18 anos foi contratado por Thomas A. Scott para trabalhar na Ferrovia da Pensilvânia. Scott teria enorme importância na vida de Carnegie e eles foram próximos durante muitos anos, tendo Carnegie aprendido bastante com ele, em especial como gerenciar e controlar custos. A necessidade de acompanhar e localizar cargas nas ferrovias tornava fundamental o uso da telegrafia, que Carnegie dominava como ninguém. No contato diário com Scott, ele absorveu a estrutura negocial das ferrovias, que eram os primeiros negócios dessa nova América, especialmente na Pensilvânia.

Graças à sua competência e enorme capacidade de trabalho, foi nomeado por Scott como superintendente da Divisão Oeste, o que conseguiu muito cedo e representou um enorme desafio, uma vez que as linhas do setor Oeste foram construídas muito rapidamente sobre um terreno difícil e os problemas com os trilhos geravam interrupção frequente nos serviços. Carnegie mantinha um telégrafo em sua residência e passou a conhecer a ferrovia como ninguém, alterando as rotas, fazendo reparos e modernizando os pontos problemáticos. Passou a autorizar que se queimassem vagões paralisados para desobstruir as linhas. Essa orientação, que inicialmente chocou seus companheiros de trabalho, passou depois a ser adotada como padrão em caso de necessidade de desobstrução de linhas. É uma síntese de sua personalidade disruptiva e acima das convenções ao lidar com os problemas que iam surgindo.

Em 1861, foi nomeado secretário ajunto da Guerra, responsável pelo transporte das tropas da União durante a Guerra Civil. Carnegie ajudou a abrir as linhas ferroviárias que os rebeldes do Sul tinham cortado e dirigiu a primeira locomotiva da Primeira Brigada de tropas da União que chegou a Washington DC. A derrota da Confederação exigiu vastos suprimentos de munições, linhas telegráficas e ferrovias para entregar as mercadorias. Pittsburg se tornou um centro de fabricação de produtos de ferro, como canhões, projéteis e diversos itens industriais e Carnegie fez fortuna na indústria do aço, controlando as mais extensas operações de aço e ferro que já pertenceram a um indivíduo. Uma de suas inovações foi a adoção e adaptação do processo Bessemer, permitindo que o ferro-gusa fosse queimado de forma controlada e rápida durante a produção do aço. Ele foi um grande consumidor das invenções que surgiam na linha do que Schumpeter depois iria estudar e indicar com um dos caminhos de crescimento da economia de mercado. Descartava processos antigos e máquinas antigas, substituindo-os por novos. Os preços do aço caíram e o que ele produzia começou a ser adotado nas linhas férreas. Na década de 1890, transformou sua corporação numa empresa verticalmente integrada, com fontes próprias de minério de ferro e de carvão, suas próprias ferrovias para transporte, suas fábricas para transformação de ferro e aço bruto, bem como maquinário para sua transformação em produtos acabados. Foi um dos grandes responsáveis pela padronização industrial fornecendo catálogos e mostruários para seus consumidores finais ou intermediários. Ao final da década, a Carnegie Steel era a maior fabricante de ferro-gusa, trilhos de aço e coque do mundo.

Ao lado dessa atividade empresarial intensa, Carnegie era de longe o intelectualmente mais preparado dos quatro, com uma boa obra literária. Publicou vários livros, conviveu com intelectuais importantes, como Herbert Spencer, Mark Twain, e com a maioria dos presidentes dos Estados Unidos. Teve colaboração intensa na imprensa, sendo favorável a uma tributação mais forte das grandes riquezas. Em 1889, publicou *Wealth*, que na Inglaterra recebeu o título de *O evangelho da riqueza*, sustentando que a riqueza pessoal que fosse excedente deveria ser doada à comunidade. Ficou famosa sua frase: "Um homem que morre rico, morre desonrado." Assim, essa mesma geração é responsável também pela tradição de filantropia que o empresariado norte-americano desenvolveu e conserva até hoje e na qual Carnegie foi um dos maiores doadores, como iremos descrever.

Como era muito inteligente e externamente aparecia como uma idealista, conseguiu ocultar parte de seus métodos e contradições. Carnegie comprou vários concorrentes regionais ou se associou a todos eles, mantendo sempre posição majoritária. Mantinha estreita relação com os empresários das ferrovias, que não só dependiam do aço para os trilhos como ganhavam dinheiro com seu transporte. Juntos, negociavam preços e condições que não permitiam um mercado livre. Além da manipulação desse mercado, as próprias tarifas fixadas pelo governo trabalhavam a favor do cartel do aço. Carnegie fazia *lobby* no Congresso para manter as tarifas favoráveis, com as quais ganhava milhões de dólares por ano. Ainda que se dissesse pacifista, buscou e firmou contratos de guerra, fato que ocultou de sua própria mulher. Ele fez tudo para manter esses fatos ocultos, mas após sua batalha judicial com um ex-sócio e antigo colaborador, Henry Frick, que se aposentou, eles tornaram-se conhecidos.

Em 1901, Carnegie, que havia tempos desejava se aposentar e se dedicar à filantropia, vendeu o controle da Carnegie Company, que havia previamente organizado em diversas sociedades anônimas, para John Pierpont Morgan, o banqueiro mais importante e poderoso do país. Essa operação foi considerada a maior aquisição industrial dos Estados Unidos, formando a United States Steel, que foi a primeira empresa do mundo com capitalização superior a US$ 1 bilhão.

Um estudioso da riqueza americana, Jacob Davidson, sustenta que apesar de a maioria julgar que a maior fortuna de todos os tempos seria de Rockefeller, Carnegie deve ter sido o americano mais rico porque em consequência da venda para o J. P. Morgan por US$ 480 milhões em 1901 couberam a ele US$ 372 milhões, o equivalente a um percentual expressivo do PIB dos EUA na época. Isso é referido aqui para demonstrar que tal grau de acumulação de poder e dinheiro é indesejável a qualquer nação e se repete agora nesse século XXI.

Além da sua importância no desenvolvimento industrial americano e na moldagem desse empresariado interessado em investir em tecnologia para reduzir custos, aumentar a produção e assim poder baixar preços e maximizar seus lucros, Carnegie cumpriu sua promessa de distribuir parte expressiva de sua imensa fortuna em filantropia. Calcula-se que nos últimos 18 anos de sua vida ele tenha doado algo como US$ 350 milhões para a caridade, universidades e fundações. Com seu pragmatismo, preferia doar seus recursos para construir uma biblioteca se a entidade municipal investisse igualmente, doando terreno e recursos para manutenção da mesma. Sua mansão na Fifth Avenue faz parte da Smithsonian Institution, e o bairro do Upper East Side chama-se hoje Carnegie Hill. Construiu e foi proprietário do Carnegie Hall em Nova York. Ajudou Washington a criar o National Negro Business League e o Instituto Tuskegee para a educação afro-americana. Fundou a Carnegie Corporation de Nova York, construiu o Palácio da Paz em Haia, a Carnegie Mellon University e inúmeras bibliotecas em Edimburgo, Pittsburg, Birmingham e Allegheny, entre outras. Faleceu aos 1919 e foi enterrado no Cemitério Sleepy Hollow, em Nova York.

Nosso novo personagem é John D. Rockefeller, que nasceu em uma grande família do interior de Nova York e se mudou para Ohio. Com 16 anos conseguiu seu primeiro emprego como contador assistente em uma pequena empresa em Cleveland, onde desenvolveu seu interesse contábil e aprendeu a negociar fretes com os proprietários de barcaças e navios que faziam o transporte dos produtos da empresa. Em 1859 ficou sócio de um pequeno negócio de produtos agrícolas. O negócio se expandiu quando, com a eclosão da Guerra Civil americana, o Exército da União fez grandes compras de alimentos e suprimentos. Ele e seus sócios perceberam que o governo federal estava subsidiando os preços do petróleo e que os custos para adquirir uma refinaria na época era pequeno e o negócio se mostrava mais lucrativo do que produtos agrícolas. Constituíram a Excelsior Oil, tendo Rockefeller escolhido um local com acesso máximo ao transporte ferroviário e fluvial. Cleveland era um dos principais pontos de refino dos Estados Unidos a noroeste da Pensilvânia, de onde a maior parte do petróleo era originária desde a descoberta do coronel Edwin Drake.[58]

Rockefeller prosseguiu tomando empréstimos para expandir, reinvestindo lucros, cortando custos e usando resíduos. Em pouco tempo tinha duas refinarias em Cleveland e uma subsidiária de marketing em Nova York. Junto com seu irmão, William, comprou as ações dos antigos sócios num leilão, formando a Standard Oil of Ohio, que passou a ser a refinadora mais lucrativa daquele estado e uma das maiores exportadoras de petróleo e querosene do país.

Conseguiu isso com acordos com as ferrovias que transportavam esses derivados, como o Congresso americano depois comprovaria. Com esses acordos, a Standard Oil beneficiava-se de "abatimentos posteriores" pelos quais as ferrovias aumentavam os preços dos fretes e devolviam para Rockefeller parte do dinheiro pago. Desse modo, a concorrência era triturada. A Standard ficou com as 26 refinarias de Cleveland, o grande centro da indústria petroleira na segunda metade do século XIX. A maior parte dessas refinarias teve seu equipamento vendido como se fosse sucata. Em sequência, avançou sobre as demais refinarias do país até ter o controle total delas.

Rockefeller não se interessava propriamente por inovações tecnológicas porque vislumbrava nelas um empecilho à maximização de seus lucros uma vez que o investimento para as produzir gera custos que reduzem os lucros imediatos. Por isso, o monopólio impede uma verdadeira economia de mercado porque não precisa investir em pesquisa e inovação; ele é, sozinho, o mercado. As principais inovações tecnológicas nessa indústria foram realizadas fora da Standard Oil e em oposição a ela. O exemplo mais cristalino ocorreu na segunda metade da década de 1870 quando Rockefeller tentou sabotar, de todas as maneiras, a construção do primeiro oleoduto de longa distância empreendido pela Tidewater Oil, uma empresa fundada por um grupo de pequenos empresários que queriam escapar dos extorsivos fretes ferroviários.

Como Charles Morris descreve e documenta: "A Standard Oil e as ferrovias responderam com redução de tarifas, aquisição de terras na rota da Tidewater, obstrução de encomendas de tanques e carros e uma boa dose de corrupção política." Derrotado com a inauguração do oleoduto em 1879, propôs um acordo pelo qual se contentava com 90% do mercado e concedia 10% à Tidewater, que exausta com a batalha, acabou aceitando. Com a visão de sempre, Rockefeller reconheceu que o futuro do transporte de óleo estava em oleodutos de longa distância e partiu para investir maciçamente no setor.[59]

Morris considera Rockefeller não apenas o primeiro grande executivo, mas um dos maiores de todos os tempos, com o raro talento de se adaptar a cada novo estágio da Standard Oil. Suas aquisições eram feitas com enorme discrição e tinham como norma serem feitas com sigilo. Mantinha as razões sociais das empresas adquiridas e, tanto quanto possível, as equipes administrativas. Um time de executivos extremamente talentoso o acompanhou pelo resto de suas carreiras. Existem evidências de que comprava as outras empresas por um preço justo, oferecendo comprá-las com dinheiro, ações ou ambos, pagando algumas vezes mais do que valiam. Costumava abrir seus livros para o concorrente, que normalmente acabava capitulando e vendendo. É também verdade que se o alvo não concordasse com as ofertas razoáveis sofreria uma guerra total em todas as frentes. Entretanto, quando eles desistiam, mantinha o preço anteriormente oferecido e frequentemente fazia também uma oferta para que o dono se incorporasse à equipe dele, Rockefeller. Quando comparado com Carnegie, por exemplo, ele é julgado de forma mais favorável e considera-se que sua fortuna teria sido das menos contaminadas. O problema é que seu império foi o mais atacado pela imprensa da época, tendo sofrido um duro golpe com a publicação, em 1904, de um livro da jornalista Ida Tarbel que documentou de forma não necessariamente precisa atos de espionagem, guerras de preços, táticas pesadas de marketing e evasões dos tribunais.

Para a maioria dos autores, Rockefeller teria sido o homem mais rico do mundo de todos os tempos, com uma fortuna de cerca de US$ 400 bilhões, que equivaleria a uma percentagem inacreditável do PIB americano. Isso tudo fez com que a Standard Oil fosse escolhida, com razão, para ser o *leading case* da Justiça norte-americana, como iremos descrever.

Examinaremos de forma sumária a trajetória de Jay Gould e de Pierpont Morgan. Jay Gold é certamente o menos interessante dos quatro personagens e o que mais merece o apelido de "barão ladrão" dado pela imprensa da época para todos eles. Viveu em Roxbury e começou a trabalhar cedo. Começou como guarda-livros e depois foi para um curtume em torno de 1859. Logo depois, em 1861, foi tentar a sorte em Nova York. Era um habilíssimo especulador das bolsas de valores, especialista do "*bear market*", quando o especulador vende a descoberto ações no mercado à vista para entrega futura, mesmo sem as possuir, forçando sua queda para depois recomprar a posição lucrando com a recompra por preço menor. Às vezes a operação não dá certo e se perde uma fortuna quando o preço da ação cresce. Como as operações são simétricas, os ganhos e as perdas são equivalentes. Era um especulador e não um investidor. Estava presente na famosa Black Friday de setembro de 1869 quando a Bolsa de Nova York entrou em colapso, momento que quase liquidou sua vida profissional. Construiu sua carreira no mesmo momento em que se iniciava a grande era das ferrovias dos Estados Unidos, que seriam as primeiras corporações financiadas por investidores através de ações negociadas nas bolsas de valores. Assim com seu talento financeiro acabou controlando várias delas, como a Reensselaer and Saratoga Railway e a Erie Railroad, mas com tantos escândalos sua vida não chega a ter maior interesse, sendo ele o único dos quatro que não deixou nada de útil para a sociedade.[60]

John Pierpont Morgan, ao contrário, merece atenção. Nascido em uma família com posses tanto do lado paterno como materno, teve uma educação refinada. Morgan nasceu rico, filho de um pai banqueiro, especializou-se em financiar o curto prazo descontando as notas dos negociantes de aço ou algodão que precisavam de crédito antes do vencimento dos seus títulos. Iria fundar as bases do sistema bancário americano. Foi o responsável pela fusão da Edison General Eletric com a Thomson-Houston Electric, criando a General Eletric, que existe até hoje. Adquiriu a Carnegie Stell Company, fundindo-a com a Companhia Federal e formando a United States Stell Corporation. Seu filho deu sequência ao negócio bancário que até hoje sobrevive no enorme banco J. P. Morgan, resultante da fusão do J. P. Morgan com o Chase Manhattan Bank. Teve especial atuação na crise bancária de 1907, comandando uma coligação bancária que conseguiu controlar. Deixou uma enorme mansão em Nova York e as gigantescas coleções de livros da The Morgan Library & Museu.[61]

A partir da primeira metade do século XIX, nos EUA o transporte de mercadorias e passageiros era marítimo-fluvial ou por estradas de ferro, sendo essas o grande motor de desenvolvimento capaz de cobrir quase todo território. O país seguiu a tradição inglesa na qual as ferrovias foram construídas e gerenciadas como empreendimentos privados, ainda que recebessem forte apoio do Estado. O *boom* ferroviário americano na verdade foi construir antes mesmo de ter uma demanda assegurada, ou seja, assumir "déficits operacionais por um período impossível de estimar" na síntese de Joseph Schumpeter. Investimentos vindos de Londres e de Paris trouxeram suporte adicional para essa expansão. As ferrovias se profissionalizaram com administração tayloriana com relatórios e sistemas de controle. Organizou-se toda uma estrutura de ascensão profissional que iniciava com os jovens entre 18 e 21 anos os quais iam ganhando posições até se transformarem em engenheiros de locomotiva ou agentes de estação. Um rapaz paulista como Lázaro Brandão, ao ingressar no banco Bradesco no tempo do Amador Aguiar, deve ter tido a mesma certeza de que seu futuro era promissor.

Todos os empresários precisavam que os preços dos fretes não reduzissem ou anulassem os ganhos econômicos da comercialização. Na outra ponta, os donos das ferrovias vislumbraram que podiam associar-se a esses empresários para ganhar bastante, além do transporte de mercadorias. Construiu-se assim um sistema em que recursos "não contabilizados" eram devolvidos aos donos das mercadorias transportadas e parte deles ficava com os donos das ferrovias, aumentando ficticiamente o custo do transporte, afastando os concorrentes e onerando os consumidores. Surgiram conflitos permanentes entre as ferrovias e os usuários, pessoas físicas ou jurídicas. Se uma ferrovia privilegiasse determinado empresário no transporte de seu produto (petróleo, querosene ou mesmo carne refrigerada) com descontos especiais, esse empresário venceria a concorrência. Um dos primeiros conflitos de âmbito nacional surgiu com os agricultores e fazendeiros do país quando se constatou que os trechos de curta distância eram mais caros que os de longa distância, criando uma artificialidade na estrutura de preços.

Os conflitos foram se sucedendo até que, finalmente, o Congresso norte-americano aprovou quase que por unanimidade a Lei Antritruste Sherman, em 1890, que continua a ser o grande marco da política antitruste que tornou ilegal tentar restringir o comércio livre ou formar um monopólio. A história inicial dela é complexa porque os legisladores tinham certeza de que deveriam corrigir as graves distorções econômicas, mas estavam incertos sobre qual o melhor caminho a ser adotado, o que resultou numa redação imprecisa, transferindo para o Judiciário a tarefa de aplicá-la caso a caso. O Congresso estava premido por combates de grande magnitude. De um lado, grandes empresários em confronto quase que diário com empresários menores e com os trabalhadores. Novos grupos de pressão surgiam, gerando conflitos agrícolas e industriais, brigas entre Estados e a União e entre os próprios poderes da União na forma de um antagonismo do Legislativo com o Judiciário. Ao invés de definir ilícitos específicos e precisos, optou-se por definir padrões de conduta que pudessem dar tempo para acomodar as tensões existentes. Estavam, entretanto, conscientes de que precisavam tomar medidas que reduzissem o poder ilimitado dos grandes empresários que, com manobras sucessivas, dominavam os mercados impondo uma práxis que violava os princípios da livre concorrência. Assim, o Congresso editou a lei autorizando o Estado a se utilizar de sua capacidade repressiva e punitiva quando ficasse demonstrado que o controle concentrado das cadeias produtivas de produção e a comercialização de bens e serviços se mostrava danosa e perigosa para a sociedade como um todo.

A Lei Sherman não tinha e não tem por objetivo proteger as empresas do livre funcionamento do mercado, mas sim proteger o público das condutas que têm por objetivo destruir a própria concorrência em si mesma, ou seja, punir as práticas de transações comerciais que restrinjam a produção para aumentar preços ou controlar o mercado em detrimento dos compradores ou consumidores finais desses bens e serviços.

Durante muitos anos após sua aprovação, a Lei Antitruste Sherman foi raramente invocada e, quando o foi, não obteve sucesso. Várias decisões chegaram até a ser contrárias à sua lógica, como quando a Suprema Corte no caso Estados Unidos *vs.* EC Knight Company, 156 U.S.1 (1894) decidiu que a American Sugar Refining Company, principal ré no caso, não violou a lei apesar de controlar mais de 90% de todo o refino de açúcar nos EUA. O tribunal entendeu que o controle da empresa sobre a fabricação não constituía controle de comércio. Essa rejeição inicial à aplicação da legislação foi uma reação da pressão política dos trustes sobre o Judiciário, a quem, em última instância, caberia aplicá-la e modulá-la.

Durante a presidência de William McKinley, a Lei Sherman praticamente não foi aplicada. Depois, com a presidência de Theodore Roosevelt, ela finalmente passou, quando em 1904 determinou a dissolução da Northern Securities Company, que era uma empresa ferroviária, no processo Northern Securities Co. *vs.* Estados Unidos, 193.U.S.1 (1904). A mais famosa e conhecida decisão foi protocolada pela Suprema Corte após anos de litígios no processo Standard Oil Co. *vs.* Estados Unidos, US. 221(1911) e considerou que a empresa violara a Lei Antritruste Sherman com as restrições que impôs ao comércio, em especial por suas práticas de eliminar concorrentes comprando-os diretamente ou expulsando-os da atividade econômica pela manipulação dos preços nas suas áreas de atuação. O tribunal determinou que a Standard Oil desmantelasse 33 de suas afiliadas maiores e mais importantes e distribuísse suas ações para os próprios acionistas e não para um novo truste. Foram assim criadas várias empresas de petróleo completamente independentes e integradas verticalmente, não horizontalmente como ocorre nos trustes, e que depois prosseguiram funcionando, sendo que algumas existem até hoje, como a Exxon (agora ExoonMobil) e a Chevron. Essa concorrência deu grande impulso à inovação e à expansão da indústria de petróleo norte-americana. É o que acreditamos que poderá ocorrer se os Estados Unidos tomarem decisões semelhantes em relação aos gigantes digitais, o que permitirá que surja um novo ciclo no mundo digital. Ao contrário de atacar ou desqualificar a economia de mercado, essa histórica decisão só o fortaleceu, e é assim que sua eventual aplicação no presente deve ser entendida, motivo pelo qual é defendida por nós neste ensaio.

Nessa decisão da Standard Oil, a Suprema Corte estabeleceu um padrão jurídico importante, designado como regra da razão, a *rule of reason* ou standard de razoabilidade. Ficou assente que o tamanho e o monopólio em si não são necessariamente ruins e não violam a legislação antitruste, mas sim o uso de certas táticas para atingir objetivos ou preservar essa posição majoritária, ou seja o Sherman Act proíbe apenas restrições "não razoáveis" ao comércio.[62]

Depois, em 1914, foi aprovado o Clayton Act, que teve uma redação mais específica. Ele proibiu: primeiro, a negociação exclusiva, acordos de subordinação com vendas vinculadas a compra de outro produto e restrições similares na distribuição de mercadorias; segundo, a discriminação de preço entre compradores assim como práticas discriminatórias comprovadas; e terceiro, a aquisição por uma empresa de ativos com o objetivo de reduzir a competição de um setor ou a construção de um monopólio com diretorias interligadas. Na Suprema Corte, desenvolveu-se a doutrina da ilegalidade *per se*, que são violações realizadas mediante acordos, conspirações ou parcerias entre empresas que restrinjam o comércio ou diminuam artificialmente a produção. Quando ocorre uma violação *per se*, o enquadramento na legislação antitruste é feito apenas pela prova de que a conduta ocorreu. Nesse aspecto, ela se aplica objetivamente, não sendo necessária uma análise mais prolongada, e muitas vezes subjetiva, que é necessária na regra da razão. Uma violação *per se* não requer uma investigação adicional sobre as intenções dos indivíduos que se envolveram na prática.

Por último, com a Federal Trade Commission Act (FTC), também de 1914, foi criada uma agência administrativa federal para proteger consumidores contra métodos injustos de competição e práticas enganadoras de negócios, incluindo fraudes e violação às leis antitruste. A agência é responsável pela violação da legislação antitruste e é ela que inicia os procedimentos legais.[63]

No último século, poucas coisas mudaram em relação a essa matéria, e esse arcabouço legal montado no começo do século XX compor a legislação antitruste norte-americana. Até 1974, os recursos civis antitruste interpostos pelo governo iam à Suprema Corte americana; agora não mais. No entanto, ainda assim muita coisa foi decidida. No importante processo Bruswick Corp. *vs*. Pueblo Bowl-O-Mat Inc, U.S. 477 (1977), ficou assente que as leis antitruste foram promulgadas para proteger a concorrência e não para proteger os concorrentes, e assim não podem ser invocadas para que empresas tentem conseguir condenações de seus concorrentes se não houver demonstração clara do interesse público. Em outro caso, no processo Matsushita Elec. Indus. Co. *vs*. Zenith Radio Corporation, U.S.574 (1986), o tribunal rejeitou demandas baseadas apenas no corte de preços, entendendo que isso é "da própria essência da competição". O fato é que após a mudança de 1974 poucos processos chegaram à Suprema Corte, ficando a maior parte nas instâncias inferiores.

O fato é que tanto o Congresso como o Executivo norte-americanos foram negligentes nas últimas décadas com os monopólios. Ao menos para mim, é bastante clara a identidade de situações que nos permite evocar a *gilded age*, mas existem diferenças expressivas. No caso do monopólio da Standard Oil, ele era amplamente odiado e seu controlador, Rockefeller, era retratado pelos cartunistas como um polvo malévolo. Todos os gigantes descritos neste capítulo eram objeto de grandes críticas da imprensa e dos setores esclarecidos da sociedade americana.

A situação agora é outra. Os monopolistas da tecnologia são frequentemente admirados e cultuados, e suas empresas possuem milhares de investidores detendo suas ações e ganhando muito dinheiro com isso. Na pandemia, milhões de americanos servem-se da Amazon para compras domésticas. O Facebook mantém o contato das famílias e dos amigos dentro de um país imenso dividido em duas costas, Oeste e Leste, no qual é comum filhos nascerem em uma e depois irem trabalhar na outra. As pessoas ficaram viciadas em Netflix na ausência das salas de cinema. Muita gente ouve e vê o YouTube. Muitas dessas pessoas poderão vir a ser jurados nos julgamentos futuros dos casos de antitruste. Algumas delas poderão ser até juízes. São suposições com alguma possiblidade de ocorrer na vida real. Há uma consciência formada e já madura de que o país precisa fazer alguma coisa e fará, mas será preciso trabalhar também a opinião pública para que isso ocorra, o que não foi necessário na *gilded age*.

Em 1999, uma coalizão de 19 estados e do Departamento de Justiça dos Estados Unidos (DoJ) processou a Microsoft. Um estudo muito divulgado nos Estados Unidos considerou que a empresa tinha usado diversas estratégias para impedir a concorrência do Netscape *browser*. Em 2000, uma decisão do juiz distrital Thomas Penfield Jackson decretou que a Microsoft havia violado as leis antitruste ao monopolizar o mercado de navegadores da internet em detrimento de seus concorrentes. A decisão era esperada, já que haviam fracassado as tentativas de acordo com a empresa. Ela foi acusada de usar seu poder para conquistar companhias menores e retirar competidores da indústria. Chegou a ser cogitada a divisão da empresa em duas para evitar a concentração no mercado. Nesse momento, a Microsoft era a segunda maior empresa do mundo, perdendo apenas para a Cisco Systems e tendo uma cotação em bolsa superior ao PIB brasileiro na época. Todos sabiam que a empresa iria recorrer e arrastar a briga por anos.[64]

A Microsoft, com o sistema operacional Windows presente em 95% dos PCs do mundo, havia perdido a liderança nos programas de navegação (*browsers*) para a Netscape. A empresa decidiu então incluir seu navegador Explorer em seu sistema operacional com o objetivo de destruir a concorrência, violando a legislação descrita acima. Como ele vinha com o pacote Windows, seu preço era pequeno, ao contrário do Netscape, que cobrava pelo programa. O Departamento de Justiça dos EUA argumentava que a Microsoft estava utilizando o domínio de mercado de um de seus produtos – seu sistema operacional – como meio de entrada para outro produto: os navegadores de internet. Questionou-se na época a legalidade do fato de os computadores pessoais equipados com o sistema Windows trazerem apenas o Explorer da Microsoft, que era pior que o Netscape, e não permitirem opções para a instalação de modelos concorrentes, o que seria melhor para o consumidor. Em todas as tentativas de acordo, a Microsoft fazia algumas pequenas concessões, mas não abria mão de exclusividade dos programas que funcionam no Windows.

O processo arrastou-se durante 11 anos – tempo suficiente para a Microsoft corrigir os problemas do seu sistema operacional – e terminou em 2011, depois de 13 anos de litígios. O Netscape já tinha perdido força e capacidade financeira de resistência, e a Microsoft liquidou mais um Davi. Parece claro que a decisão de primeira instância tinha fundamento jurídico no sentido de reconhecer ter ocorrido violação à legislação antitruste. Economistas importantes, como Paul Krugman, do *New York Times*, e o jornalista ganhador do prêmio Pulitzer, Thomas Friedman, no *Times*, chegaram a denunciar a atuação da empresa em Washington, contratando um enorme *lobby* para defender seus interesses e influenciar o Congresso no sentido de cortar verbas da Divisão Antitruste do Departamento de Justiça enquanto perdurava a ameaça de desmembramento da empresa. Como comparação, Friedman pediu a seus leitores que imaginassem como se sentiriam se a maior empresa de sua cidade natal utilizasse sua influência para cortar a verba da polícia local no momento em que estivessem investigando a empresa. Hoje, Bill Gates, de todos os donos das *big techs*, é o mais purificado, digamos assim, porque começou muito cedo, foi a maior fortuna do mundo durante anos seguidos, afastou-se do comando da empresa e investiu pesadamente em educação e saúde no mundo todo, além de ser intelectualmente o mais preparado da turma. Ele se desvinculou da Microsoft e, de certa forma, a empresa também se desvinculou dele, o que não ocorre com os outros controladores das outras *big techs*.

O monopólio sintetiza uma situação de concorrência imperfeita quando há praticamente só um vendedor de um determinado produto ou serviço. Quando existem empresas competindo, elas concorrem com os preços; uma empresa monopolista simplesmente forma o preço. Assim, o monopólio é uma situação indesejável para a competição do mercado e por isso os países tentam coibi-lo. Os Estados Unidos, claro, não impedem que empresas gigantescas se formem pela competência, audácia, senso de oportunidade e mentalidade disruptiva de absorver as mudanças tecnológicas, ou seja, o domínio do mercado de forma legítima, e nem a legislação antitruste foi feita para isso. Na verdade, a legislação mais do que punir o monopólio pune as práticas anticompetitivas para consegui-lo ou mantê-lo.

Acredito que a experiência anterior do século XX, corrigindo os excessos e distorções praticados pelos senhores da economia norte-americana que controlavam aço, petróleo, ferrovias, bolsas e os bancos, mostraram que o próprio sistema podia corrigir essas anomalias e assim aperfeiçoá-lo e preservá-lo. O que vem ocorrendo neste século XXI denuncia uma concentração de poder econômico e político sobre a atividade econômica semelhante à que ocorreu naquele período. A nossa revolução digital fez com que as maiores fortunas mundiais se construíssem e se consolidassem apenas no setor de tecnologia, e que essa concentração ocorresse com a perda sucessiva de competitividade dos setores tradicionais. As tentativas de conseguir no universo jurídico e judicial uma correção ainda não tiveram êxito. As audiências mundiais com os gigantes da tecnologia não redundam em acordos benéficos para a sociedade. Com o patrocínio dos melhores advogados e usando o tempo como eterno aliado, esses conglomerados têm conseguido reduzir valores de multas e ganhado tempo suficiente para fazerem correções que desfiguram a situação original com estratégias semelhantes à descrita acima.

De qualquer forma, nos Estados Unidos começa a se formar uma consciência no próprio Congresso – único palco onde esse combate pode ser travado – de que é preciso domar e criar limites a esses gigantes. Num momento em que a economia norte-americana e mundial se retrai, as *big techs* juntas, no segundo trimestre (junho) de 2020, possuem um valor de mercado de US$ 5 trilhões. Para que se tenha uma dimensão do que seja isso, apenas o PIB do Estados Unidos e da China superam essa ordem de grandeza. Não são empresas; são verdadeiros Estados com poderes transnacionais.

Essa luta entre milhares de Davis e cinco Golias só pode ser travada nos Estados Unidos. O mundo digital se construiu através dessas empresas e do desenvolvimento conjugado com universidades e centros técnicos de excelência. Se algum avanço civilizatório vier a ser feito, será fruto do Congresso e do Poder Judiciário norte-americanos. Acreditamos que isso possa ocorrer, pois como afirmou Churchill com ironia e conhecimento de causa: "Os Estados Unidos invariavelmente acertam depois de terem esgotado todas as alternativas."

The times they are a-changin'

O Congresso americano, depois de 16 meses de investigações, concluiu que Amazon, Apple, Google e Facebook detêm "poder de monopólio" em segmentos-chave e abusaram de seu domínio de mercado. O relatório de 449 páginas descreve minuciosamente como essas empresas se valeram de seu poder de mercado para continuar a expandir seus tentáculos sobre o mercado e sobre as empresas menores, *start-ups* que acabam sendo vendidas por não poderem resistir ao confronto com as gigantes.

A situação também parece mudar em outros países também. Na Austrália, a Comissão Australiana de Concorrência e do Consumidor, depois de quase dois anos de pesquisa e debate, colocou em consulta pública um projeto de lei que determina a remuneração dos veículos de mídia por conteúdo exibido pelo Google e pelo Facebook. De forma sintética, ele obrigará que essas plataformas compartilhem os ganhos obtidos com a exibição de notícias com os veículos que as produziram. Nos EUA, Google e Facebook ficam com 60% da publicidade digital. Numa etapa anterior as autoridades australianas tentaram negociar tanto com o Google como com o Facebook. Isso se mostrou infrutífero. A experiência demonstrou como é complicado, uma vez que não existem empresas concorrentes que possam se inserir no confronto e competir com o monopólio. O governo australiano está consciente de que precisa de ambas as plataformas e elas também precisam das empresas de mídia do país para gerar conteúdo. A Austrália não é um mercado local poderoso, mas as *big techs* sabem que se a lei funcionar poderá haver uma repercussão global em cadeia. Por isso mesmo despejaram dinheiro em campanhas para ver se os usuários criariam uma barreira popular para rejeição da legislação. O YouTube engajou-se na disputa divulgando vídeos de parlamentares afirmando que a nova legislação obrigaria as gigantes a expor seus algoritmos, o que não é verdade. Pura *fake news*.

Na União Europeia também foi aprovada uma diretiva para regular o assunto. A França já tem uma lei implementada que o Google não cumpriu e que é objeto de uma ação judicial de um grupo de jornais franceses. A Corte de Apelações de Paris já ordenou ao Google negociar com a imprensa francesa sobre como será a remuneração pelo uso de seus conteúdos garantida pela legislação de direitos conexos. O *Le Monde* estima que o acordo deve passar de 25 milhões de euros. A Espanha também aderiu. A Alemanha colocou o tema em consulta pública.

Outro aspecto desse confronto é a decisão recente do G-20 que, no âmbito da Organização para Cooperação e Desenvolvimento Econômico (OCDE), pretende criar uma taxação dos gigantes digitais. A proposta da organização que reúne países ricos e em desenvolvimento depende da atuação conjunta de 137 países da OMC para ser efetiva e não criar zonas com países de tributação menor. A OMC irá propor uma alíquota sobre as vendas digitais dessas empresas. O imposto seria cobrado onde a empresa faturou. Seria necessário que os países fizessem um acordo para evitar a dupla tributação da renda e bloquear as manobras de planejamento tributário e evasão. Tem-se como estimativa que cerca de 40% dos lucros das gigantes estão em paraísos fiscais.

Por essa razão, muito antes desse movimento institucional, um economista da expressão de Paul Romer, Nobel de economia de 2018, já tinha defendido uma tributação sobre as receitas das *big techs* pelos seguintes motivos:

> É verdade que não se pode taxar o lucro, porque nunca se sabe onde o lucro está localizado. Você sabe onde obtém receitas e onde paga os seus custos, mesmo que isso ocorra em lugares diferentes. Mas quando se trata de lucro, que é receita menos custo, você nunca sabe de onde vem. Pode vir de qualquer lugar do mundo. E a empresa pode se mudar para onde o imposto sobre o lucro é baixo. Por isso defendo um imposto sobre as receitas.[65]

O governo Biden constatou que das 10 principais jurisdições escolhidas pelas *big techs* americanas em 2018, sete eram paraísos fiscais. Bermudas, com apenas 64 mil habitantes, registrou 10% de todo o lucro no exterior declarado pelas companhias americanas. O novo governo pretende agora fazer um acordo mundial de tributação e repartição que alcance o que é sonegado. Os EUA querem uma taxa mínima de dois dígitos num universo onde a Hungria tem tributação de 9% e a Irlanda de 12,5%, mas que por bom tempo era muito menor. A Irlanda fez do imposto baixo o centro de sua política econômica por décadas. É a sede europeia de um grande número de multinacionais americanas que transferem grande parte dos lucros na região. Uma montagem engenhosa permitia às empresas pagarem no máximo 1% sobre os lucros. As transações na Europa eram registradas na Irlanda, mas o dinheiro era rapidamente transferido para paraísos fiscais ainda mais recônditos. Esse esquema oficialmente acabou, mas não há uma regra nova regulando o mercado mundial. O que o governo Biden quer é criar um acordo global de taxação das multinacionais, que não poderão escapar de pagar tributo nos mercados onde realizam seus negócios mesmo sem ter uma base física neles. O tema progride rapidamente, tendo já sido objeto de um acordo no âmbito do G-7 reunindo as maiores economias desenvolvidas. É provável que não se consiga aprovar a integridade desse desenho, mas mesmo parte dele será uma revolução que permitirá aos países terem mais recursos para suportar o desemprego que a automação e a revolução digital estão gerando no mundo.

O Departamento de Justiça dos Estados Unidos (DoJ) abriu processo contra o Google por abuso de poder econômico. É o primeiro caso antitruste de vulto desde o que envolveu a Microsoft em 1998, sobre o qual comentamos em capítulo anterior. O DoJ sustenta que o Google comanda 90% das buscas nos Estados Unidos, sendo o caminho incontestável para a internet, e utiliza práticas anticompetitivas para manter e estender seu monopólio.

A ação movida por um tribunal federal em Washington demonstra que a empresa teria reforçado seu poder por meio de contratos comerciais exclusivos, como o firmado com a Apple envolvendo bilhões de dólares para que a empresa colocasse seu mecanismo de busca como padrão de todos os iphones. O Google, por meio da Alphabet, que é sua controladora, teria antes também fechado acordos com os fabricantes de celulares que usam o sistema operacional Android para pré-carregar o mecanismo de busca nos aparelhos e assim dificultar e tornar quase impossível a entrada de mecanismos rivais. Assim, o Google domina as buscas em dispositivos móveis nos dois sistemas. Não há mais mercado; há monopólio que não foi construído pelo fluxo natural da atividade econômica, mas por contratos de exclusividade e por condutas anticompetitivas.

Sobre a Amazon, a Comissão do Senado concentrou-se no comércio on-line. A empresa coleta dados dos seus clientes que consolida em seu sistema identificando os itens mais vendidos e costuma copiá-los oferecendo depois seus produtos com preços mais baratos. Assim, entre diversos setores, penetrou no mercado do livro digital pagando percentuais de direitos autorais tão superiores aos que uma editora de livros pode praticar que os autores publicam seus livros nas editoras, mas cedem seus direitos digitais para a Amazon publicar no Kindle. As editoras é que primeiro investem no lançamento e na carreira de um escritor, mas na hora do livro digital perde esse mercado para a gigante. A Amazon possuiu vínculo com 2,3 milhões de vendedores terceirizados em todo o mundo, sendo que quase 40% desse total dependem totalmente das receitas oriundas de vendas com ela e assim são obrigados a se submeter integralmente às exigências adotadas por ela.

A forma como o Facebook forçou a compra do Instagram em 2012 é alvo do amplo relatório com a comprovação de que seus executivos impedem que o site de compartilhamento de fotos ultrapasse a empresa principal para manter a marca e a força do carro-chefe. A Apple, por seu turno, é também objeto de questionamento. Como detentora do monopólio do mercado de aplicativos para iphones e ipads, como vimos acima, obriga os desenvolvedores a pagar caro para terem direito a colocar seus aplicativos em seus aparelhos. Esse desenho tem permitido à Apple cobrar até 30% sobre as vendas dos aplicativos, um pedágio pesado para os desenvolvedores e que gerou um aumento dos preços dos aplicativos para os consumidores finais. O aumento do preço dos fretes para os usuários foi uma das razões que levaram à criação e aplicação da legislação antitruste nos EUA do começo do século XX. Isso deixava de ser um problema individual para ser coletivo. Veremos agora como isso será entendido quando julgarem o aumento do preço dos aplicativos para os usuários nesse nosso século XXI.

Por último, a Comissão Federal de Comércio dos Estados Unidos (FTC) em conjunto com 46 estados abriram processos contra o Facebook acusando a rede social de ter se tornado um monopólio por meios ilegais ao esmagar a concorrência comprando rivais. Pretendem que a empresa venda o WhatsApp e o Instagram para corrigir o monopólio. O processo parece ter mais chance de êxito que o que foi aberto pelo DoJ contra o Google.

O Congresso americano, nesse início de gestão Biden, acordou para a extensão e a gravidade do problema. A Comissão de Justiça da Câmara dos Estados Unidos aprovou por 24 votos a 17 o relatório apontando os abusos acima descritos. Já tramitam dois projetos: um da senadora Amy Klobuchar e outro do deputado David Cicillione, ambos democratas. Os únicos pontos que unem democratas e republicanos e que são, assim, as matérias com mais chance de serem aprovadas são limites às fusões e aquisições das empresas digitais e a remuneração dos produtores de conteúdo jornalístico utilizado pelas gigantes, repartindo parte de sua receita publicitária com a imprensa. Em relação a esse item os EUA complementarão as mudanças que já estão em curso na União Europeia e, no tocante ao primeiro, enfrentarão a formação dos novos monopólios construídos nesse nosso século XXI. Como sustentamos desde o início, apenas os EUA poderiam fazer isso por serem a sede de todas essas empresas e onde a revolução digital começou. Nós, na América do Sul, mesmo pertencendo à periferia da indústria digital e não tendo qualquer interferência nesse processo, precisamos acompanhar seu desdobramento para podermos adaptar nosso ordenamento jurídico ao novo desenho.

Em 1963, Bob Dylan, ao perceber que as coisas estavam mudando nos Estados Unidos e que se formava uma nova consciência na sociedade americana, fez uma linda canção apropriada para esse momento e cujos versos finais dizem o seguinte: "Enquanto o presente agora/ Depois será passado/ A ordem está se apagando rapidamente/ E o primeiro agora vai depois ser último/ Porque os tempos, eles estão mudando."[66]

Conclusão

Em toda a minha produção acadêmica e mesmo como articulista na imprensa, sempre tive como princípio, ao debater determinado problema, não deixar de indicar ou sugerir uma solução ou uma possibilidade de melhoria. Entendi que não bastava detectar o problema, mas participar da terapia. Não bastava apontar a origem do dogma, mas também os malefícios da crença. Neste ensaio não será diferente. Assim, resumo alguns tópicos que abordamos ao longo do trabalho, de maneira que esses pontos possam ficar claros e precisos ao leitor e assim sintetizar a nossa visão sobre esse momento vertiginoso.

1) Todas as revoluções industriais anteriores produziram, num primeiro momento, destruição de empregos e depois, passada a etapa de implantação, criaram mais empregos no novo desenho industrial. A revolução digital que estamos vivendo já demonstrou que os empregos gerados nas áreas de tecnologia são menores que os empregos que ela vem destruindo nos setores tradicionais por ela afetados. Assistimos à formação de um novo escravo no mercado de trabalho que foi gerado pela destruição do emprego e de todo o aparato de proteção jurídica e econômica que os sindicatos e a legislação trabalhista asseguravam até pouco tempo e que esse mesmo escravo teve a fantasia e a ingenuidade de que, como empreendedor individual, teria melhor destino.
2) A migração do mundo off-line para o mundo on-line acelerou-se de forma exponencial com a pandemia da Covid 19. A obrigatoriedade do distanciamento social; o fechamento de quase todos os espaços públicos, como restaurantes, academias, lojas, cinemas,

casas de espetáculos; a instituição do *home office*, esvaziando os prédios comerciais; a adoção dos programas de comunicação a distância; a velocidade da entrega e customização do comércio on-line, tudo isso fez com que as empresas migrassem de forma ainda mais rápida para a digitalização e para o on-line. O que ocorreria de forma mais suave talvez em cinco anos realizou-se abruptamente num único ano.

3) As empresas privadas têm de lutar para sobreviver. Ter lucratividade é um imperativo para não fechar as portas. O setor privado não tem o benefício de emissão de moeda, nem capacidade de se endividar muitas vezes além do seu faturamento e lucro. Não teve e não tem alternativa senão ingressar no mundo digital e redesenhar sua estrutura física, reduzindo lojas, estoques e funcionários. O setor público também está fazendo sua migração para o digital, mas ela pode ser feita num ritmo mais lento e sem tanta pressão.
4) Existem duas internets importantes nessa revolução digital: a norte-americana e a chinesa. O grande confronto é travado entre esses dois países; nem mesmo a Europa tem maior relevância na indústria digital, e nós, na América do Sul, estamos na periferia. É óbvio que qualquer mudança no sentido de controlar ou reduzir a força econômica das grandes *big techs* só pode se dar nos Estados Unidos. Debate semelhante não tem sentido nem irá prosperar na China. Assim, a possibilidade de alguma mudança se volta para os Estados Unidos.
5) Descrevemos como os Estados Unidos tiveram, no século XIX, uma experiência pela qual corrigiram os excessos de poder e os métodos praticados pelos senhores da economia norte-americana, mostrando que o próprio sistema podia corrigir essas anomalias e assim aperfeiçoar-se e preservar-se. O que vem ocorrendo neste nosso século XXI denuncia uma concentração de poder econômico e político sobre a atividade econômica semelhante à que ocorreu naquele período. Acreditamos que o Congresso e

o Poder Judiciário irão recorrer à legislação antitruste para promover essa correção, uma vez que o monopólio é o oposto do que uma economia de mercado necessita ao não permitir que a livre concorrência se realize fazendo com que algumas empresas e empresários sejam mais poderosos que o próprio Estado. Não podemos esquecer que o direito é invenção do mais fraco, ele é que necessita da proteção da lei. O poderoso não precisa porque detém tal força e poder de coação que frequentemente bloqueia as leis que poderiam ser aplicadas contra ele ou contra suas práticas e posterga no Judiciário demandas que se eternizam.

6) A dependência do homem contemporâneo para com a rede aumenta em progressão geométrica. Sua capacidade de atenção prossegue aritmética. É quase um paradoxo, mas a maior parte das horas e horas que as pessoas gastam olhando seus iphones ou navegando por seus aplicativos é quase sempre mais mecânica do que mental. Digita-se muito; pensa-se pouco. Nunca estivemos tão conectados e, por outro lado, talvez em nenhuma outra época as pessoas tenham se sentido tão sozinhas. Para não sermos maniqueístas, temos de reconhecer que sem as redes e telas a pandemia teria sido muito mais difícil de ser enfrentada. Elas foram fundamentais para manter certo bem-estar psíquico da população.

7) As *fake news* só devem ser punidas na sua utilização no processo político, onde vêm ocorrendo comprovadamente em várias eleições ou na difamação injuriosa das pessoas, sejam públicas ou não. Fora disso não há como intervir no espaço de liberdade que todo indivíduo possui de exercer sua opinião, crítica e pensamento. A liberdade de expressão tem de ser a mais ampla possível, não cabendo a ninguém julgar, punir ou cercear o direito de ninguém. E por que sua efetivação no processo político se justifica e se faz necessária? Porque já existem provas concretas da utilização das *fake news* intervindo no processo de escolha do eleitor, construindo um novo vetor de forças até pouco tem-

po inimaginável. Quando isso ocorre, o processo fica viciado, corrompido. Protege-se assim não o indivíduo de buscar suas verdades, mas a sociedade de consumir mentiras. O Congresso americano concluiu que Amazon, Apple, Google e Facebook detêm "poder de monopólio" em segmentos-chave e abusaram de seu domínio podendo se submeter à legislação antitruste. O G-7 colocou-se de acordo em tributar as bigs techs nos locais em que as receitas são auferidas e não mais em suas sedes.

8) Nosso objetivo é fazer com que as pessoas tenham mais informação sobre o que está acontecendo. Saber que você, como usuário, é também mercadoria talvez lhe seja útil ao usar as redes sociais e lhe traga mais parcimônia e consciência em relação ao seu uso. O leitor talvez não soubesse que quando produz com enorme carinho um vídeo com seu trabalho e o coloca na rede, também está ajudando Mark Zuckerberg a ganhar mais uns trocados. Agora sabe.

9) Mas as coisas estão mudando. A Europa promulgou leis obrigando as *big techs* a remunerar os veículos de imprensa com parte dos valores de publicidade que receberam sem produzir seu conteúdo, apenas copiando o que os órgãos de imprensa publicaram com enorme trabalho de pesquisa para amparar essas matérias. O Departamento de Justiça dos Estados Unidos (DoJ) abriu processo contra o Google acusando-o de usar práticas ilegais para consolidação do seu monopólio no maior processo antitruste aberto no país desde do movido contra a Microsoft em 1987.

10) Não há mais sociedade, no presente ou no futuro, sem a tecnologia digital. Assim, se você não pode vencê-la, una-se a ela. Veja como pode contrabalançar o excesso de uso para que sua atenção e capacidade de pesquisa sejam preservadas. Desligue as notificações do seu iphone. Mantenha seu foco no que lhe é importante, essencial. Tente não abandonar a leitura totalmente. Proteja-se desse ruído permanente de informações fluindo o tempo todo. Nesse período de tanta distração, tente se manter

atento. Nesse ritmo de movimento incessante, encontre tempo para seu silêncio interior. Isso vai lhe fazer muito bem.

11) A conexão é infraestrutura como a energia, saneamento e transporte. Na pandemia, as crianças foram obrigadas a estudar em suas residências, já que as aulas presenciais foram suspensas. Nessa situação, as crianças pobres ficaram altamente limitadas em seu processo de aprendizado pela dificuldade de acompanhar as aulas e de fazer os exercícios quando comparadas às crianças de classe média ou ricas. Uma das principais e únicas alternativas para aumentar e garantir a mobilidade social é educação, e assim precisamos assegurar a conectividade. No Brasil, para cada quatro pessoas, uma não tem internet. A ausência de conexão vai aumentar ainda mais o fosso de desigualdades entre as nações. Um continente como a África, que possui o mais baixo índice de conexão do mundo, tenderá a ficar cada vez mais isolado, pobre e sem alternativas.

12) Vislumbro, entretanto, uma vantagem competitiva que o Brasil poderia ter nesse novo desenho internacional. Devíamos nos concentrar na experiência da revolução educacional e tecnológica feita pelos países asiáticos, como a China, Taiwan, Singapura, Coreia do Sul e Hong Kong. É oportuno recordar como o Japão conseguiu, em pouco tempo, no espaço de 25 anos de uma geração com o ensino obrigatório e gratuito para toda população, deixar de ser um país feudal e agrário para se tornar uma nação desenvolvida.

13) Ao contrário do que muitos supõem, a globalização é uma excelente oportunidade para os países pobres e periféricos. Temos de incorporar a revolução digital e não apenas recusar sua inevitabilidade; introduzir no currículo escolar a educação e alfabetização digital para que todos tenham um domínio mínimo do computador e da internet.

14) No curto prazo, a revolução digital beneficia os países já desenvolvidos nos quais o binômio educação e tecnologia é praticado

há muitos anos. Mas o Brasil, com custos internacionais mais baixos, enorme extensão territorial e uma população com quase 210 milhões de habitantes, pode ter vantagens comparativas e sair da sina de país do futuro, abrindo sua economia, voltando a se industrializar, indo além do agronegócio e participando do crescimento do mercado internacional como fizeram os tigres asiáticos.

15) Para conseguir esse objetivo, o país deveria agir em dois níveis. No tocante à infraestrutura, aumentar maciçamente o investimento em conexão, criando programas permanentes para atingir o maior número de regiões com o cabeamento por fibra ótica. Em relação à educação – desafio e questão central –, tornando-a realmente prioridade com investimentos, incentivos ao magistério e passando a ser obrigatória e gratuita. Para atendimento dessa diretriz exigindo que as famílias beneficiadas pelos programas de transferência de renda comprovem que seus filhos estão matriculados e estudando regularmente. Como no ditado popular, assim não estaremos apenas dando um peixe para um cidadão com fome; mas ensinando-o a pescar para que se alimente pela vida toda. Com essa estratégia, penso que estaremos mais preparados para nos inserir nesse admirável mundo novo que se constrói vertiginosamente a cada 60 minutos por hora, inclusive, agora quando você lê este livro.

Agradecimentos

Como de hábito não discuto muito meus livros enquanto os escrevo. Entretanto tenho alguns poucos, mas verdadeiros, agradecimentos a fazer a pessoas que ajudaram-me neste ensaio.

Isabel, minha filha; Rui Basto, Oto Maia, Sebastião Lacerda e Zeca com quem conversei e enviei os primeiros capítulos quando comecei a escrever. Todos eles dominam a arte de ouvir e me estimularam a prosseguir.

Luiz Felipe Ermel me auxiliou no capítulo sobre a *deep web* com sua experiência prática.

Carlos Ivan Simonsen Leal fez uma leitura minuciosa da primeira versão integral do livro, e suas observações foram fundamentais para seu aperfeiçoamento. À medida que lia, me telefonava e transmitia suas sugestões que aproveitei na sua maioria.

A editora da Fundação Getulio Vargas e Sandra Frank, que foi impecável na revisão dos originais, corrigindo erros, sugerindo alternativas sempre em busca de clareza. Uma referência especial a Gabriela Klam que foi meu elo de ligação com essa equipe maravilhosa.

Claudia Jaguaribe foi uma enorme incentivadora trazendo-me sempre matérias e informações do exterior sobre o assunto, em especial da imprensa norte-americana. A ela também minha gratidão pelo afeto e tolerância em todo o período em que esse livro foi escrito. Essas qualidades de convivência, todos os escritores desejam ter, mas poucos conseguem.

A todos, meus agradecimentos sinceros e a minha gratidão.

Desnecessário dizer que todos os erros que porventura persistam são de responsabilidade única e exclusiva do autor.

Notas

Introdução

[1] Para uma visão introdutória da importância de Homero, ver AUBRETON, Robert. *Introdução a Homero*. São Paulo: EdUsp, 1968. Para saber mais, ver: CALVINO, Ítalo. As odisseias na Odisseia. In: ____. *Por que ler os clássicos*. Trad. Nilson Moulin. São Paulo: Companhia das Letras, 1993; FRAME, Douglas. *Homer*: the poet of the past. Ithaca, NY: Cornell University Press, 1992. 2. É interessante como Philip Roth, por meio de seu alter ego Coleman Silk, professor de literatura grega clássica, começava suas aulas: "Vocês sabem como começa a literatura europeia? Começa com uma briga. Toda literatura europeia nasce de uma briga." Então pegava sua *Ilíada* e lia para seus alunos os primeiros versos. "Musa divina, canta a cólera desastrosa de Aquiles ... E por que estão brigando, esses dois espíritos violentos e poderosos? Por um motivo tão simples quanto qualquer briga de botequim. Estão brigando por causa de uma mulher."

[2] BAUDRILLARD, Jean. *La Société de consommation*. Paris: Éditions de Noël, 2018.

Economia

Revoluções industriais e a geração de emprego

[3] Esse período é extremamente importante porque é nele que se descontrói o sólido sistema feudal que comandou o mundo durante 10 séculos e quando a economia de mercado e as cidades passaram a ser o centro do desenvolvimento econômico e da civilização. Não nos alongamos no tema para não tirar o foco do objetivo central do nosso ensaio. Sugiro aos interessados três obras básicas, todas igualmente importantes: DOBB, Maurice. *A evolução do capitalismo*. Abril Cultural, 1983; HOBSBAWN, Eric J. *A era das grandes revoluções*. Paz & Terra, 2009; POLANYI, Karl. *A grande transformação*. Rio de Janeiro: Campus, 2000.

[4] WEBER, Max. *A ética protestante e o espírito do capitalismo*. São Paulo: Companhia das Letras, 2004, p. 29; WEBER, Max *Remarque preliminaire au recueil d'etudes de sociologie de la religion*. Paris: Champs Flammarion, 2000, p. 57-58.

[5] HARARI, Yuval Noah. *21 lições para o século 21*. São Paulo: Companhia das Letras, 2018, p. 57.

[6] NASCIMENTO SILVA, Luiz Roberto. *A nova peste e outros ensaios*. Rio de Janeiro: José Olympio, 2013; NASCIMENTO SILVA. A destruição criadora. *O Globo*, 24 jan. 2014; NASCIMENTO SILVA. A última geração off-line. *O Globo*, 30 mai. 2014 ("Opinião"); NASCIMENTO SILVA. O futuro sempre interessa. *O Globo*, 21 ago. 2017 ("Opinião").
[7] PHELPS, Edmund. Entrevista. Revista *Veja*, páginas amarelas, 21 out. 2015. Nesse ano, ele publicou *Mass flourishing*, pela Princeton University Press, em que o tema é desenvolvido mais profundamente.
[8] SCHWAB, Klaus. *A Quarta Revolução Industrial*. SãoPaulo: Edipro, 2019, p. 18. Ver também MANYIKA, James; CHUI, Michael. Digital era brings hyperscale challenges. *The Financial Times*, 13 ago. 2014.
[9] FREY, Carl Benedikt; OSBORNE, Michael. *The future of employment*: how susceptible are jobs to computerization? Oxford Martin School, University of Oxford, 17 set. 2013, p. 44. Working paper.
[10] O Superior Tribunal de Justiça, na primeira decisão sobre a matéria, no Conflito de Competência nº 164.544/MG, tendo como relator o min. Moura Ribeiro, decidiu que "As ferramentas tecnológicas disponíveis permitiram criar uma nova modalidade de interação econômica, fazendo surgir a economia compartilhada, em que a prestação de serviços por detentores de veículos particulares é intermediada por aplicativos geridos por empresas de tecnologia. Nesse processo, os motoristas atuam como empreendedores individuais, sem vínculo de emprego com a empresa dona da plataforma".
[11] Uber BV and others (Appellants) v. Aslam and others (Respondents) [2021] UKSC On appeal from: [2018] EWCA Civ 2748.

As ideias vivas de economistas mortos

[12] SCHUMPETER, Joseph A. *Capitalismo, socialismo e democracia*. Rio de Janeiro: Fundo de Cultura, 1961, p. 106.
[13] SCHUMPETER, Joseph A. *Capitalismo, socialismo e democracia*. Rio de Janeiro: Fundo de Cultura, 1961, p. 107.
[14] KEYNES, John Maynard. *A teoria geral do emprego, juro e da moeda*. São Paulo: Abril Cultural, 1983,
[15] KEYNES, John Maynard. *A teoria geral do emprego, juro e da moeda*. São Paulo: Abril Cultural, 1983, p. 11-12. Ver, na mesma obra, p. 383-384.
[16] SAMUELSON, Paul. *Introdução à análise econômica*. 8. ed. Rio de Janeiro: Agir, 1975, p. 102.
[17] GALBRAITH, John Kenneth. *O pensamento econômico em perspectiva*. São Paulo: EdUsp, 1987, p. 212.

[18] Na obra supracitada, Schumpeter dedica ao assunto todo um capítulo, intitulado "As práticas monopolistas", p. 110-134, em que detalha seu ponto de vista sobre o monopólio.
[19] KRUGMAN, Paul. *A crise de 2008 e a economia da depressão*. Rio de Janeiro: Campus, 2009, p. 171.
[20] KEYNES, John Maynard. *A teoria geral do emprego, juro e da moeda*. São Paulo: Abril Cultural, 1983, p. 259. Cf. KEYNES, John Maynard. *Essays in persuasion*. Nova York: The Norton Library, 1963.

O QR code da pobreza

[21] FRIEDMAN, Milton. The case of a negative income tax: a view from the right. *The National Review*, 1968.
[22] TOBIN, James. *Acumulação de ativos e atividade econômica*. São Paulo: Ed. Revista dos Tribunais, 1980; CHESNAIS, François. *"Tobin or not Tobin"*: por que tributar o capital financeiro internacional em apoio aos cidadãos. São Paulo: Ed. Unesp, 2001; PAES, Nelson; SIQUEIRA, Marcelo. *Renda básica da cidadania versus imposto de renda negativo*: qual o mais eficiente no combate a pobreza. Fortaleza: Laboratório de Estudos sobre a Pobreza, 2006.
[23] SUPLICY, Eduardo. *Renda da cidadania*: a saída é pela porta. São Paulo: Cortez, 2002.
[24] VAID, Divya. Caste in contemporary India: flexibility and persistence. *Annual Review of Sociology*, v. 40, jul. 2014, p. 391-410.
[25] Sobre a Aadhaar e seu principal dirigente, Nadan Nikelami, ver, entre outros: NIKELAMI, Nadan. *Imaging India*: the idea of a renewed nation. Nova York: Penguin Press, 2009, com prefácio de Thomas L. Friedman; RAMNATH, N. S.; ASSISI, Charles; *The Aadhar effect*: why the world's largest identity project matters. Nova York: Oxford University Press, 2018; AIYAR, Shankkar. *Aadhaar*: a biometric of India's 12- Digit Revolution. Nova Delhi: Westland, 2017 (prefácio de Paul Rommer).
[26] BILL GATES in Singapore Fintech Festival. *O Estado de S. Paulo*, 11 dez. 2020.
[27] Figura fascinante e pouco conhecida, Hjalmar Schat, economista e banqueiro, foi um dos responsáveis pela vitória alemã contra a hiperinflação de 1923 e pela reconstrução do país nos anos iniciais de Hitler. Ministro da Economia do III Reich afasta-se do governo, participa de um atentado contra Hitler e acaba punido. Suas memórias dariam um grande filme. Só não é mais conhecido por ter pertencido à Alemanha hitlerista.

Cultura e comportamento

O deslocamento da riqueza

[28] HARARI, Yuval Noah. *21 lições para o século 21*. São Paulo: Companhia das Letras, 2018, p. 102.
[29] Sobre direito romano, ver CHAMOUN, Ebert. *Instituições de direito romano*. Rio de Janeiro: Forense, 1951; ROLIM, Luiz A. *Instituições de direito romano*. Rio de Janeiro: Ed. Revista dos Tribunais, 2003; ALVES, José Carlos Moreira. *Direito romano*. 18. ed. Rio de Janeiro: Forense, 2018.
[30] Sobre o direito Medieval, ver ROSSI, Paulo. A *ordem jurídica medieval*. Rio de Janeiro: Martins Fontes, 2014.
[31] PEREIRA, Caio Mario da Silva. Código Napoleão: influência nos sistemas jurídicos ocidentais. *Revista da Faculdade de Direito da UFMG*, n. 32, p. 7, 1989.
[32] KEYNES, John Maynard. *Teoria geral do emprego, do juro e do dinheiro*. São Paulo: Abril Cultural, 1983, cap. 12, p. 111-112.
[33] BAUMAN, Zygmunt. Modernidade líquida. Rio de Janeiro: Zahar, 2001; BERMAN, Marshall. *Tudo que é sólido desmancha no ar.* Rio de Janeiro: Companhia das Letras, 2007. Não há como não recordar da famosa passagem do Manifesto Comunista de Marx e Engels que inspirou a todos ao afirmar: "Tudo que era sólido desmancha no ar, tudo que era sagrado é profanado e as pessoas são finalmente forçadas a encarar com serenidade sua posição social e suas relações recíprocas."
[34] MARX, Karl. *O capital*. Rio de Janeiro: Zahar Editores, 1975, v. 1. O conceito de "fetichismo da mercadoria" desenhado de forma sumária por Marx ao perceber que a mercadoria depois de manufaturada perderia sua relação com o trabalho despendido para realizá-la e ganharia vida própria.
[35] BAUDRILLARD, Jean. *La Société de consommation*. Paris: Éditions de Noël, 2018.
[36] WILDE, Oscar. *Aforismos*. Rio de Janeiro: [s.n.], 1992. Coleção Clássicos Econômicos Newton.

O pingue-pongue da atenção

[37] TURKLE, Sherry. *Reclaiming conversation*: the power of talk in digital age. Londres: Penguin, 2015.
[38] DESMURGET, Michel. *La Fabrique du crétin digital*. Paris: Seuil, 2020.
[39] WHITE, Theodore H. *Como se faz um presidente*. Belo Horizonte: Itatiaia, 1963, p. 450 e ss; JAMIESON, Kathleen Hall. *Eloquence in an electronic age*: the transforming of political speechmaking. Nova York: Oxford University Press, 1988, p. 10; 50.
[40] BAUMAN, Zygmunt. Há uma crise de atenção. *O Globo*, 12 set. 2015 (Discurso proferido durante o encontro internacional Educação 360, no Rio de Janeiro, em

13 set. 2015); Ver também BAUMAN, Zygmunt. *A modernidade líquida*. Rio de Janeiro: Zahar, 2001.

O usuário como mercadoria

[41] LOCKE, John. *Some considerations on the consequences of the lowering of interest*. 1991. (Citado pelo próprio Marx na abertura do seu trabalho "A mercadoria: os fundamentos da produção da sociedade e do seu conhecimento", em *O capital*, Livro I.)
[42] MARX, Karl. *O capital*: crítica da economia política. Rio de Janeiro: Civilização Brasileira, 1975, v. 1; MARX, Karl. *O capital*. Rio de Janeiro: Zahar, 1975 (Biblioteca de Ciências Sociais); MARX, Karl. *O capital*. São Paulo: Abril Cultural, 1982.
[43] ZUBOFF, Shoshana. *A era do capitalismo de vigilância*. Rio de Janeiro: Intrínseca, 2021. Seu livro tem uma análise detalhada de como as *big techs*, em especial o Google, Microsoft e Facebook trabalham voltadas para dados pessoais e por isso tem suas receitas concentradas na vigilância das pessoas.

A proteção ao cidadão

A força política das *fake news*

[44] A REGRA de São Bento. Trad. dom Evangelista Enout. Juiz de Fora, MG: Mosteiro Santa Cruz, 1999. Alusão aos discípulos de Aristóteles que, em função do hábito dele de dar aula ao ar livre, caminhando pelos jardins do Liceu, eram chamados de "peripatéticos", que em grego quer dizer "ambulante".
[45] TRUFFAUT, *François. Hitchock Truffaut*: entrevistas. São Paulo: Brasiliense, 1986.
[46] Frase proferida pelo autor no seu discurso de aceitação do título de doutor *honoris causa* em Comunicação da Universidade de Turim em 2015.

As leis de proteção ao cidadão

[47] Da Empoli, Giuliano. *Os engenheiros do caos*. São Paulo: Editora Vestígio, 2019.
[48] SOUZA, André Portela de et al. *Perda de aprendizado no Brasil durante a pandemia de Covid-19 e o avanço da desigualdade educacional*. São Paulo: FGV/Eesp, nov. 2020.
[49] Mais informações sobre a interrupção das aulas em todo o Brasil podem ser encontradas em: <http://educacaoecoronavirus.com.br>. Acesso em: abr. 2021.

O *iceberg* da *deep web*

[50] DOSTOIÉVSKI, Fiódor. *Irmãos Karamazov*. São Paulo: Ed. 34, 2012.
[51] Ver GOGONI, Ronaldo em: <https://tecnoblog.net/author/ronaldogogoni/>. Acesso em: abr. 2021.

[52] Alan Turing, matemático inglês, cientista, formulador do conceito de algoritmo, considerado por muitos como o pai da computação. Principal responsável, com uma equipe, pela decodificação da máquina Enigma do Exército alemão durante a Segunda Guerra Mundial.
[53] O vídeo *3 guys and a hammer* feito por eles sobre uma das mortes viralizou nas redes sociais. A dupla assassina é o tema do documentário chileno "Los maníacos del martilho", de 2010, que exibiu fotos e o vídeo do assassinato.

Direito

West and East

[54] LEE, Kai- Fu. *Inteligência artificial*: como os robôs estão mudando o mundo, a forma como amamos, nos relacionamos e vivemos. Rio de janeiro: Globo Livros, 2018.
[55] CLARK, Duncan. *Alibaba, a gigante do comércio eletrônico*: o império construído por Jack Ma. Rio de Janeiro: Best Business, 2019, p. 51; 28. Ver também: LAFFONT, Thomas; SENFT, Daniel. East meets West 2017 Keynote. Conferência "O Oriente encontra o Ocidente "2017". Pebble Beach, CA, 2017; MARTI, Michael. *A China de Deng Xiaoping*: o homem que pôs a China na cena do século XXI. Rio de Janeiro: Nova Fronteira, 2007.
[56] ZUBOFF, Shoshana. *A era do capitalismo de vigilância*. Rio de Janeiro: Intrínseca, 2021. Seu livro traz uma análise detalhada de como as *big techs*, em especial o Google, a Microsoft e o Facebook, trabalham voltadas para dados pessoais e, por isso, têm suas receitas concentradas na vigilância das pessoas.

O monopólio dos gigantes

[57] Sobre Andrew Carnegie há muita bibliografia, por exemplo: WALL, Joseph Frasier. *Andrew Carnegie*, Pittsburg: University of Pittsburg, 1989; MORRIS, Charles R. *Os magnatas*. Porto Alegre: L&PM, 2005; CARNEGIE, Andrew. *The autobiography of Andrew Carnegie*. Boston: Northeastern University Press, 1986.
[58] Sobre Rockefeller, o mais completo é CHERNOW, Ron. *Titan*: the life of John D. Rockefeller. Nova York: Randon House, 1998. Ver também MORRIS, Charles R. *Os magnatas*. L&PM: Porto Alegre: 2005; OS AMERICANOS mais ricos de todos os tempos, *Forbes*, 2007.
[59] MORRIS, Charles R. *Os magnatas*. Porto Alegre: L&PM, 2005, p. 163.
[60] KLEIN, Maury. *The life and legend of Jay Gould*. Baltimore: Johns Hopkins University Press, 1986.
[61] STROUSE, Jean. *Morgan*: American financier. Nova York: Random House, 1999.

[62] CROSS, Frank B. *The most important Supreme Court opinions and justices*. Austin: University of Texas, 2005; HOFFER, Peter Charles; HOFFER Williamjames Hull; HULL, N. E. H. *The Supreme Court*: an essential history. 2 ed. Lawrence, KS: University of Kansas Press, 2018.
[63] ADAMS, W.; BROCK, J. W. *Antitrust economics on trial*: dialogue in new learning. Princeton, 1991; EVANS, Davida. *Microsoft, antitrust and the new economy*: selected essays. Kluwer Academic Publisher 2002; KWOKA, John E.; WHITE, Lawrence, J. *The antitrust revolution*: economics, competition and policy. Nova York: Oxford University Press, 2003.
[64] Cf. Microsoft Corp. *vs*. United States, 584 U.S.138 S. Ct.1186.

The times they are a-changin'

[65] ROMER, Paul. "Modelo de negócio de gigantes da internet é perigoso", alerta Nobel de economia. *O Globo*, 22 ago. 2019. (Entrevista concedida a Luciana Rodrigues e Rennan Setti).
[66] DYLAN, Bob. *Letras (1961-1974)*. Trad. Caetano W. Galindo. São Paulo: Companhia das Letras, 2016. Canção de 1963. Os versos no original são: *"As the present now/ will later be past./ The order is rapidly fadin'/ and first one now will later be last// for the times they are a-chagin'."*

Autor

Luiz Roberto Nascimento Silva é advogado. Mestre em direito econômico pela Universidade Federal do Rio de Janeiro (UFRJ). Professor de direito tributário. Foi ministro da Cultura do governo Itamar Franco quando se construiu e consolidou a Lei do Audiovisual tendo sido um dos seus redatores antes de assumir o MinC. Foi também secretário de Cultura de Minas Gerais quando promoveu a maior recuperação de obras de arte barrocas roubadas e desaparecidas e concebeu as regras do Fundo Estadual de Cultura. É membro do Conselho Curador da Fundação Getulio Vargas (FGV). Autor de 12 livros. Na área jurídica, publicou ensaios pelas editoras Forense e Renovar. Colabora com frequência na imprensa.

Este livro foi impresso nas oficinas gráficas da Editora Vozes Ltda.,
Rua Frei Luís, 100 – Petrópolis, RJ.